Abenteuer

ESKAPADEN

AUSZEIT

AUSGLEICH

FUN

Wochenende

STADT.LAND.FLUSS.

FREE

LEICHTIG-KEIT

ERLEBEN

GRÜN Kleine Fluchten

Wege

Lebensfreude

NATUR

GLÜCK

von Susanne Völler
und Lucia Lehmann

ABSTECHER
AB SEITE 8

AUSFLÜGE
AB SEITE 90

MINIURLAUB
AB SEITE 172

Nur ein paar Stündchen

Nix wie raus, ganz schnell ins Grüne. Auch mit wenig Zeit lässt sich Großartiges erleben. Kleine und große Abenteuer warten direkt vor der Haustür.

4H

Raus für einen Tag

Man muss nicht das Land verlassen, um neue Welten zu entdecken. Einfach mal einen Tag lang raus aus dem Alltagsallerlei und rein in die Natur.

12H

Ferien für ein Wochenende

Warum auf die große Auszeit warten, wenn man einen Wochenendtrip ins nahe Umland machen kann? Vergnügen, Abenteuer und Wohlgefühl kompakt und intensiv.

36H

LIEBE LESERIN, LIEBER LESER,

leichter Muskelkater, von einer angenehmen Müdigkeit erfüllt und dabei ein Lächeln auf den Lippen. Diagnose? Draußen gewesen! Dieses Buch gibt Anregungen und Inspirationen für einmalige Naturerlebnisse in und um Köln. Von See zu See oder von Mammutbaum zu Mammutbaum, ganze 52 Ausflüge locken ins Grüne. Ansetzen zum Katzensprung – viele Touren starten direkt vor der Haustür oder schon um die nächste Ecke. Augen und Ohren offen halten, hochschauen von der Karte oder dem Handy – und zum Entdecker werden! Oder Schwimmer? Kletterer? Wanderer? Zur Kräuterhexe? Oder zum Drachenbezwinger? Oder oder oder …

Viele wunderbare Eskapaden in und rund um Köln wünschen

Susanne Völler

Lucia Lehmann

AUSZEIT.
ABENTEUER.
LEBENSFREUDE.

1. KAPITEL
ABSTECHER

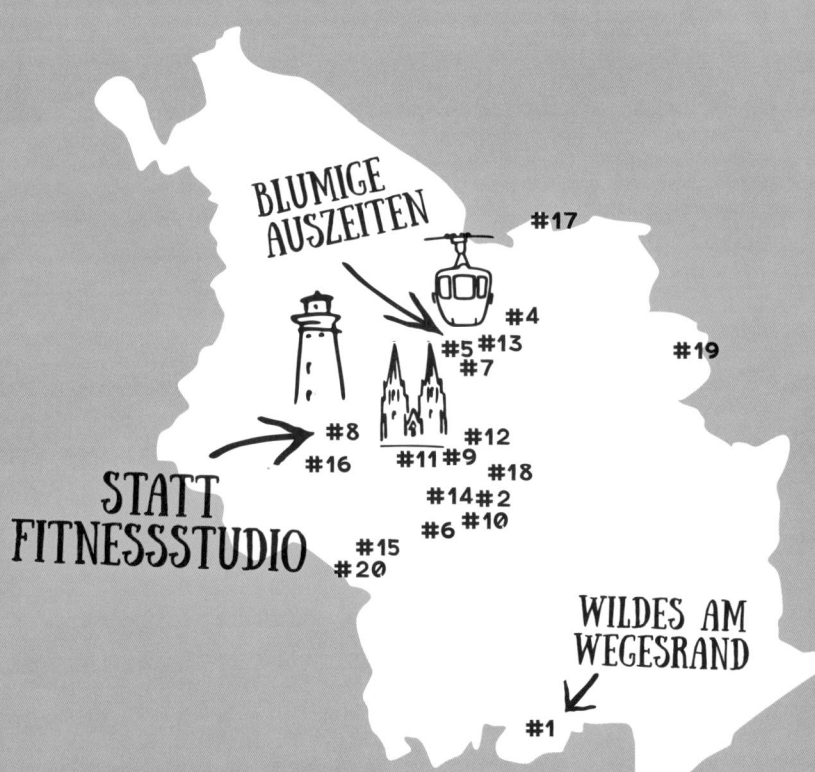

BLUMIGE AUSZEITEN

#17

#4

#5 #13
#7

#19

#8

#12
#16 #11 #9

#18

STATT
FITNESSSTUDIO

#14 #2
#6 #10

#15
#20

WILDES AM
WEGESRAND

#1

#3

Nur ein paar Stündchen

Sich in der Stadt wie am Meer fühlen, entspannt durch Parks und Wiesen schlendern und am Abend mit den Papageien schlafen gehen – die kleine Auszeit ist ganz nah.

4H

#1	Going wild	Seite 10
#2	Flussleben	Seite 14
#3	Von Blüten betrunken	Seite 18
#4	Von Skulpturen und Sittichen	Seite 22
#5	Wo die Rosen blühen	Seite 26
#6	Kleine Fluchten	Seite 30
#7	Die Mischung macht's	Seite 34
#8	In Bewegung	Seite 38
#9	Alles am Fluss	Seite 42
#10	Lass wachsen!	Seite 46
#11	Flüchtige Kunst	Seite 50
#12	360 Grad!	Seite 54
#13	Rhine feelin'	Seite 58
#14	Uno, dos, tres, Cha-Cha-Cha!	Seite 62
#15	Ein Park für alle Fälle	Seite 66
#16	Tor zu einer anderen Welt	Seite 70
#17	Wie im Märchen	Seite 74
#18	Den Papageien Gute Nacht sagen	Seite 78
#19	Kölns höchsten Berg bezwingen	Seite 82
#20	Eiszeit!!!	Seite 86

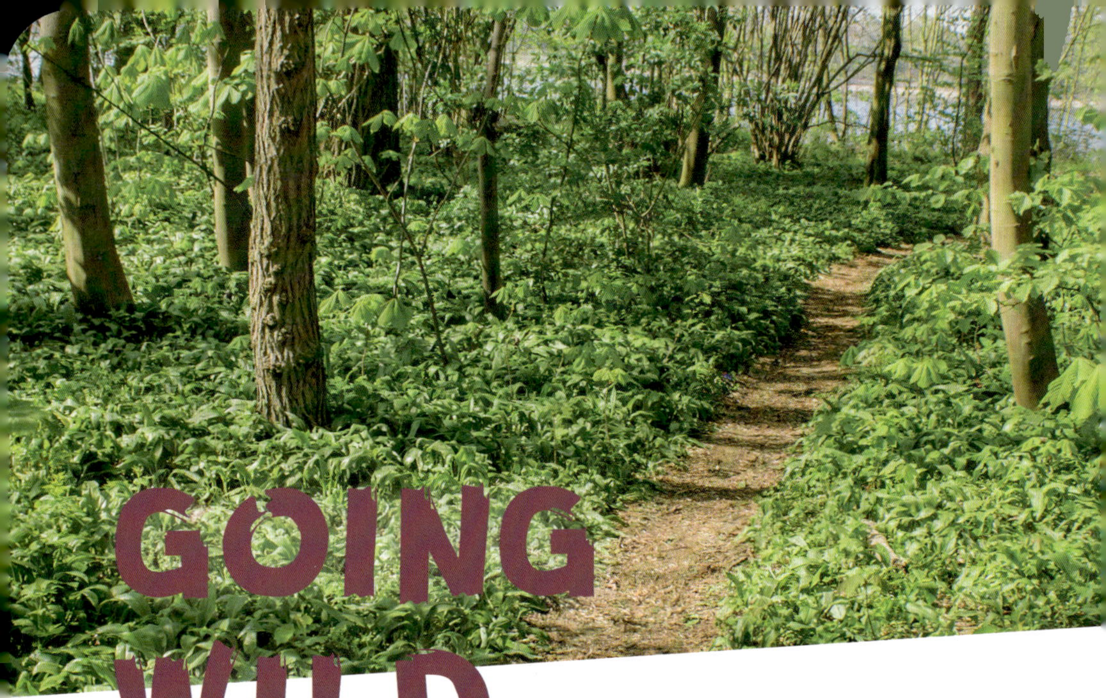

GOING WILD

... beim Kräutersammeln in Köln-Porz

#1

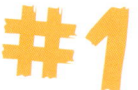

Ein sonniger Frühjahrsmorgen ist ideal für eine kleine Flucht in die Natur und zu den Bärlauchfeldern am Rhein. Schere, Messer, Handschuhe eingepackt, Korb geschultert und los geht's. War die Ernte erfolgreich, gibt's gegen Ende strahlende Gesichter.

#Bärlauchteppiche #Sammellust #Wildkräuter #Bärlauchpesto

Erinnert an ihre aggressive Schwester, die Brennnessel: Aber die Taubnessel ist ganz lieb und passt gut in den Wildkräutersalat.

Ab in die Kräuter! Ziel sind die Rheinauen bei Porz-Langel, ein großes Überschwemmungsgebiet und bedeutender Feuchtlebensraum für Lerchen, Rebhühner, Fledermäuse, um nur ein paar der Tiere zu nennen, die ihre Heimat im Auenwald von Langel haben. Genauso wie zahlreiche Wildkräuter, allen voran der Bärlauch.

Runter geht's zum Rhein und dann Richtung Wald. Am Wegesrand locken weiße Rispenblüten: Der Japanische Staudenknöterich ist kaum zu übersehen, misst schon im Frühjahr mehr als einen Meter und überwuchert alles. Nichtsdestotrotz soll er sich positiv auf Blut-

druck und Cholesterinspiegel auswirken. Und lecker ist er auch. Die jungen Sprossen kommen roh in den Salat und gedünstet zu Suppen und Gemüsepfannen. Selbst in Kuchen und Kompott schmecken sie. Also, Messer oder Schere gezückt – und schwupps, landen die ersten Sprossen im Korb. Immer wieder fällt der Blick nach rechts auf den Rhein, in dem sich die Sonne so schön spiegelt. Dann geht's in die Brennnesseln ... Jetzt kommen die Handschuhe zum Einsatz, denn die Blätter brennen ordentlich. Sind dafür aber lecker, können als Spinat oder Risotto zubereitet werden und schmecken super in Smoothies. Noch vor

dem Waldrand schiebt der ein oder andere Gundermann sein violett blühendes Köpfchen ins Bild. Sein hoher Vitamin-C-Gehalt hat dem Un-Kraut den Namen »Soldatenpetersilie« beschert. Scharf-pfeffrig eignet es sich zum Aromatisieren von Kräuterölen, aber auch zum Würzen von Salaten und Pfannengerichten. Also rein in den Korb. Kurz vor dem riesigen Waldgebiet lockt rechts ein friedlicher Sonnenplatz am Rheinufer – wer kann da schon Nein sagen. Ein paar Steine und ein bisschen Treibholz zurechtgerückt, Thermoskanne und Stulle ausgepackt, fertig.

Intensiver knoblauchartiger Geruch liegt nun in der Luft, und bald ist das Ziel erreicht: die fast fußballfeldgroßen Bärlauchwiesen. Teppichen gleich bedecken sie den Waldboden. Tatsächlich ist der Bärlauch ein geselliges Waldkraut. Beim Pflücken allerdings ist Vor-

---

Hin & Weg: Am einfachsten mit dem Rad immer am Rhein entlang bis zur Gaststätte Zur Tant (15–17 km) oder mit der Stadtbahn-Linie 7 bis Porz-Zündorf, dann mit dem Bus 164/501 bis Haltestelle Rheinbergstraße, von da runter zum Rhein (ca. 60 Min.; Achtung: Buszeiten vorab checken!).

Beste Zeit: Für den Bärlauch März/April, aber auch sonst findet sich hier immer ein Wildkraut.

Dauer: 3 Std. bis unendlich, die Sammellust treibt einen immer weiter.

Ausrüstung: Feste Schuhe, lange Hosen (wegen der Brennnesseln), Schere oder Messer, Handschuhe, Korb oder Tüte, evtl. alles für eine Brotzeit.

Aufgepasst: Selbst gepflückte Kräuter sollte man nur dann essen, wenn man sich hundertprozentig sicher ist, dass keine giftigen darunter sind! Tipps zum Sammeln der richtigen Kräuter gibt es online oder bei diversen Führungen (www. wildkraeuterei-koeln.de, www.wilderwegesrand.de).

Grün, grün, grün ist alles, was ich hab ... und das kommt anschließend in den Topf und auf den Tisch!

sicht geboten, zu leicht verwechselt man ihn mit dem giftigen Maiglöckchen. Doch der knoblauchähnliche Geruch spricht für sich. Außerdem wachsen Bärlauchblätter immer einzeln aus dem Boden, Maiglöckchen meist paarweise am Stängel. Bärlauch ist wahnsinnig gesund, hat viel Vitamin C, Kalium, Eisen, Magnesium, Mangan und und und. Was zu der Frage führt: Wer braucht schon exotische Superfoods, wenn so was bei uns am Wegesrand wächst? Ordentlich den Korb füllen, es sollen ja einige Gläschen Pesto werden. Dann noch die Wald-Anemonen ...

Zurück geht es über eine Wiese in Richtung Langel. Hier noch ein Gänseblümchen eingesackt, dort noch etwas Wiesenschaumkraut geschnitten ... Aus dem Nachmittag ist Abend geworden, ein leckeres Abendessen mit gaaanz vielen Kräutern wartet. Perfekt.

FAZIT: EINE KRÄUTERWANDERUNG MIT ZWISCHENSTOPP AM RHEINSTRAND. ENTSPANNUNG PUR, MITTEN IN DER STADT. UND ZUM ABENDBROT GIBT'S, WAS GEERNTET WURDE.

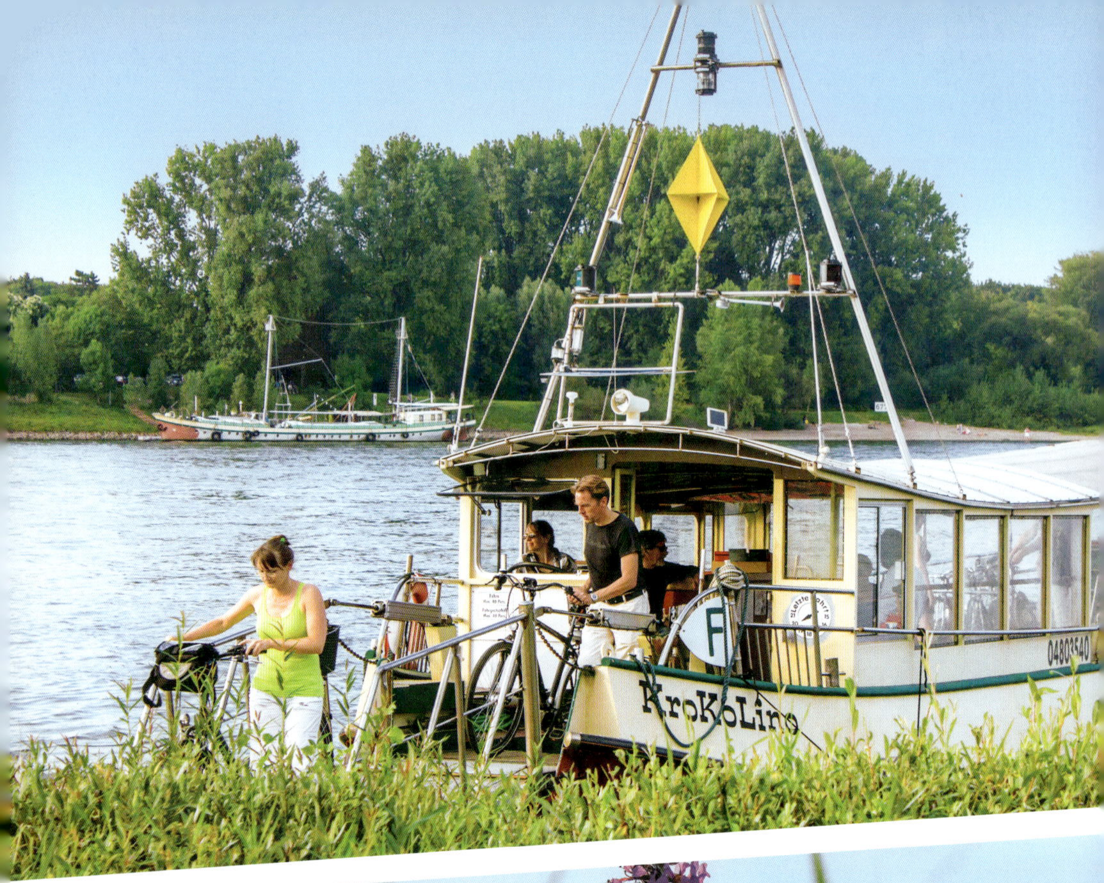
F
KroKoLino
04803540

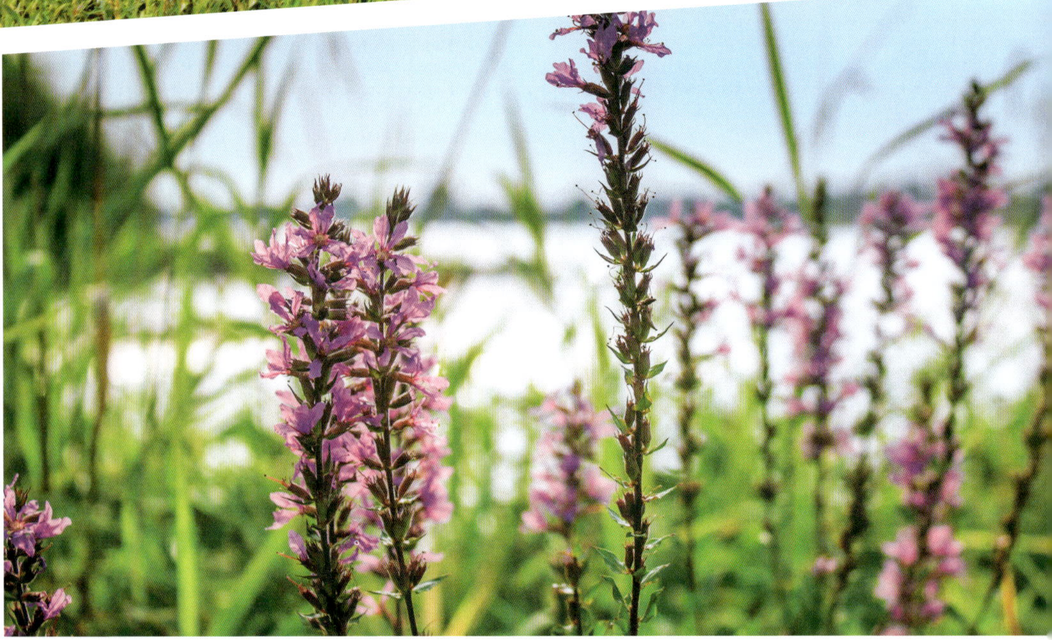

FLUSS LEBEN

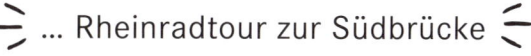
… Rheinradtour zur Südbrücke

#2 Ein Krokodil schwimmt im Nil oder in diesem Fall im Rhein. Die Radtour folgt den Rheinwindungen bis zu eben diesem »Krokodil«, einer recht zahmen Fähre von Weiss zur Groov. Die Freizeitinsel mit Minigolfplatz und Tretbooten hat etwas Patina angesetzt. Wie charmant. Zurück geht's in der Abendsonne.

Treffpunkt ist das Kölner Kap nicht weit von der Südbrücke. Verspäten sich die Mitradler, lässt sich die Wartezeit leicht überbrücken: Rechts heizen die Skater über die Piazza, links hieven die Binnenschiffer ihre Autos an Land.

Bis Rodenkirchen ist viel los: Spaziergänger, Radfahrer, Skater, Kinderwagen. Nach der Hochwassermauer in Rodenkirchen wird es noch mal richtig voll und eng, danach öffnen sich die Rheinauen und das Rad rollt fast wie von selbst an der Rodenkirchener Riviera entlang. Eine Badepause? Zu früh! Hinter Rodenkirchen folgt der Leinpfad in einem weiten Bogen dem Rhein durch schattigen Wald und üppige Natur.

Am Wegrand leuchten Tausende Indische Springkrautpflanzen in unschuldigem Rosa. Kaum jemand mag das invasive Kraut. Käme man morgen wieder, wäre es schon zehn Zentimeter höher. Doch dafür machen sich die essbaren Blüten wunderbar als Deko auf Salat & Co.

Noch ein paar saftige Wiesen zur Rechten, dann liegen links ein paar Schiffe vor Anker. Und da kommt auch schon das »Krokodil« angetuckert, eine kleine Fahrradfähre rüber zur Groov. Ist mehr los, pendelt der große Bruder, »Krokolino«, hin und her. Fährmann Heiko sitzt am Steuer, und das seit 30 Jahren, 210 Tage im Jahr. 73 Jahre ist er alt. Im Nordbogen geht es mit ordentlich Speed rüber zur Groov, Kölns Freizeitinsel. Wobei »Insel« geflunkert ist, denn vor knapp 170 Jahren hat sie bereits am Ufer angedockt. Sie ist ein ehemaliger Rheinarm und heute weitläufige Auenlandschaft. Und äußerst charmant. Ein Paradies am Rande der Großstadt.

Links vom Anleger liegt eine der sandigen Badebuchten und es wird ordentlich geplanscht – schwimmen ist zu gefährlich.

Nach dem Badestopp noch eine kleine Runde unter den jahrhundertealten Bäumen gedreht, dann geht es über die Brücke rüber auf die andere Seite nach Zündorf. Idyllisch dümpeln zur Rechten Enten im Wasser, auch Schildkröten und Biber soll es geben. Und Schwäne. Groß, friedlich und aus Plastik: Tretboote. Ein ähnlich harmloses Vergnügen verspricht der Minigolfplatz mit seinem etwas gestrigen Charme.

Wer Hunger hat, sollte wieder aufs Rad steigen und an Nepomuk, dem Schutzheiligen der Seefahrer, vorbei rheinabwärts radeln. Denn Zündorf ist oft überlaufen, auf dem Rückweg aber warten zwei echt schräge Kölner Kultadressen mit Biergarten- und Campingplatzflair. Über den Weidenweg geht es durch die Westhovener Aue bis zur ersten: dem Wiesenhaus Café mit bayerischen Schmankerln. Und kurz hinter der Rodenkirchener Brücke könn-

te im Biergarten des Poller Fischhauses eine exzellente Forelle auf dem Teller landen. Gut, dass der letzte Abschnitt durch die Poller Wiesen bis zur Südbrücke nicht lang ist.

Schön für später: in der Abendsonne Salsa tanzen – an einigen wenigen schönen Tagen im Jahr ist das direkt am Rhein im Rheinauhafen möglich. Mehr unter www.salsa-glamour.de/news-blog).

> **FAZIT: EIN TAG URLAUB. EINE WEITE REISE MUSS MAN DAFÜR NICHT ANTRETEN. DAS URLAUBSZIEL MIT GRATIS-FLUSSPANORAMA LIEGT GLEICH UM DIE ECKE. UND BEWEGT HAT MAN SICH AUCH NOCH!**

Hin & Weg: Mit dem Rad bis zum Kap am Rhein (auf Höhe der Skateanlage).

Beste Zeit: März–Oktober. Im Winter sind die Fähren im Winterquartier, im März/Oktober sind sie nur am Wochenende unterwegs. Infos gibt's unter www.faehre-koelnkrokodil.de, www.freizeitinsel-groov.porz-online.de, www.minigolf-groov.de

Dauer & Strecke: Radstrecke ca. 1 Std. 15 Min. (22 km), mit Stopps ca. 4 Std., wer ausgiebig baden will, bleibt einfach länger.

Ausrüstung: Badesachen nicht vergessen! Tüte für die Springkrautblüten mitnehmen.

VON BLÜTEN BETRUNKEN

... durch Kirschblüten wandeln in Bonn

#3

Was haben 126 Millionen Japaner und viele Bonner gemeinsam? Genau, sie lieben Kirschblüten! Der graue Winter ist wie weggeblasen, wenn in der Altstadt die Frühlingsboten ganze Straßen rosa färben. Das verzückt nicht nur das Auge, sondern inspiriert auch die Bewohner. Deshalb feiert man die Kirschblütenzeit in der Nachbarstadt Bonn beinahe so groß wie in Japan.

Die Bonner Altstadt im Frühjahr – ein Blütenmeer.

Im öffentlichen Fernsehen ist eine kleine Knospe zu sehen, die sich immer weiter öffnet, und sobald sie aufgegangen ist: ab zum Picknick unter den Kirschbaum, egal bei welchem Wetter! So zelebriert man das Hanami, das Kirschblütenfest, in zahlreichen Orten in Japan. Und ebenso in Bonn. Denn auch hier ist man mit vielen, vielen Kirschbäumen gesegnet – und die verwandeln die Bonner Altstadt in ein wahres Blütenmeer. Gar nicht sattsehen kann man sich bei einem Besuch der Kölner Nachbarstadt, wenn die Altstadt ganz im Zeichen der Kirschblüte steht. Der Blütenrausch wird von verschiedenen Veranstaltungen begleitet; Straßenmusik, Flohmarkt, Yogasessions, Lesungen, Konzerte …

Aber auch einfach so ist es schön hier: durch die Straßen flanieren unter Blüten, ein kleines Picknick am Wegesrand – und plötzlich mittendrin stehen in einem rosa Wirbelsturm. Den Bonner Laubbläsern macht in dieser Jahreszeit die Arbeit besonders Spaß.

Das Ziel des Spaziergangs könnte ein kleiner Buchladen sein. Vorbei an den vielen Kindern und Erwachsenen, die unter dem Blütendach für Fotos posieren, erreicht man den Buchladen Büchergilde mitten im Herzen der Alt-

Hin & Weg: Mit dem RE1 oder der RB2 zum Hauptbahnhof in Bonn.

Beste Zeit: April–Mai. Mehr Infos gibt's unter www.kirschbluete-bonn.de

Dauer & Strecke: 3–4 Std., mit Spaziergang beim Brühler Schloss ca. 5 Std.

Ausrüstung: Kamera nicht vergessen!

stadt. Hier kann sich jeder kostenlos mit einem Haiku für das Jahr versorgen. Ein Haiku ist eine japanische Gedichtform, tatsächlich gilt sie als die kürzeste der Welt. Im Buchladen zieht man eine Nummer und bekommt dann von Frau Naumann ein ganz persönliches Haiku vorgelesen, das man auch mit nach Hause nehmen darf. Einer der Haikus beginnt mit »Von Blüten betrunken«. Oh ja, so fühlt man sich nach einem Tag im Bonner Kirschblütenmeer.

Wer noch etwas Zeit hat, sollte auf dem Rückweg nach Köln in Brühl aussteigen und durch den schönen Brühler Schlossgarten direkt beim Bahnhof streifen.

FAZIT: DIE ROSAROTE BRILLE KANN HIER ZU HAUSE GELASSEN WERDEN. DIE BONNER ALTSTADT VERZAUBERT. EIN SPAZIERGANG, EIN PICKNICK, HAIKUS HÖREN — UNTER DEM ROSA DACH IST VIELES MÖGLICH.

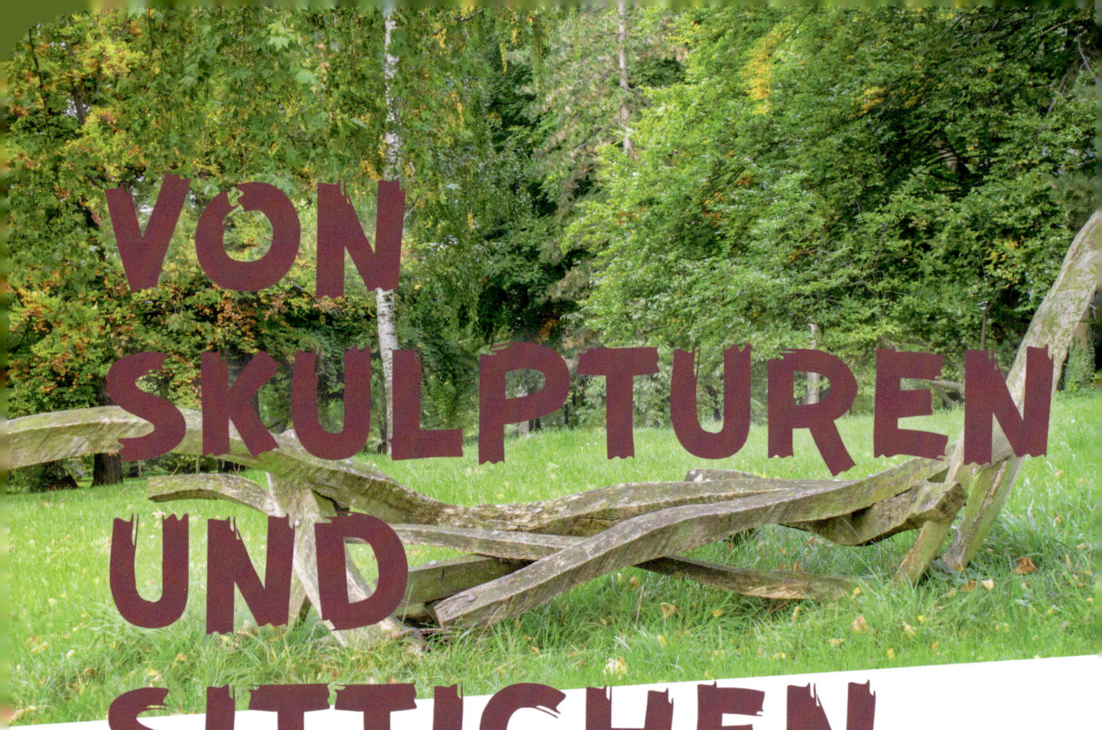

VON SKULPTUREN UND SITTICHEN

... Ausnahme-Kunst im Stammheimer Schlosspark

#4

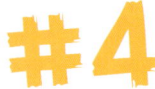

Lieblingstage erfordern Lieblingsbeschäftigungen. Der Besuch im Stammheimer Schlosspark ist eine solche. Auch und vor allem dank der Skulpturenausstellung – einmalig, ergreifend und erheiternd. Würde die alte Fabrik im Park endlich als Café hergerichtet, wäre der Tag kaum zu toppen. Doch Chillen am Rhein hat ja auch seinen Reiz!

#OutdoorKunst #KunstimGrünen #artgoesrhine #Schlossart

Kunst mit Augenzwinkern: Die
betreute Parkbank« von Andreas
Schmitz und »Die Skateboarde-
rin« von Peter Nettesheim.

→ ABSTECHER...

Der (Kunst-)Spaziergang startet an der Mül-heimer Brücke. Auch sie ist ein Kunstwerk – zumindest Resultat von Konrad Adenauers Verhandlungskunst. Der damalige Oberbür-germeister wollte eine Hänge-, seine Partei eine Bogenbrücke. Geschickt zog der Zen-trumspolitiker 1929 die KPD (!) auf seine Seite. Wie? Indem er argumentierte, Sankt Petersburg besäße auch keine Bogenbrücke ... Den Grünton der Mülheimer Brücke vermark-tet Bayer übrigens bis heute unter dem Namen »Kölner Grün«. Warum es am Rhein so schön ist, wird beim Weiterschlendern gen Süden

klar. Der Blick auf Fluss und gegenüberliegen-des Ufer mit Cranachwäldchen, Niehler Strand und Rheinauen ist vielversprechend, das Rheinufer zwischen Mülheim und Stammheim das wohl entspannteste Kölns. Chillen wäre jetzt auch nicht schlecht. Ein guter Plan für den Rückweg: Kölsch am Kiosk kaufen, aufs Mülheimer Mäuerchen setzen, genießen.

Weiter am Ufer entlang Richtung Stammheim und kurz vor dem Schlosspark rechts auf die Stammheimer Hauptstraße abzweigen – den Park durch das löwenbekrönte Eingangstor zu

betreten, ist einfach schöner. Eine mächtige Lindenallee führt heute als Blickachse zum Rhein und endete einst am Schloss, das Fliegerbomben 1944 ausradierten.

Zu beiden Seiten der Allee breitet sich einer der schönsten Parks Kölns aus, mit zum Teil mehr als 200 Jahre altem Baumbestand. Dazwischen: Kunst, mittlerweile mehr als 70 Skulpturen. Sie stehen in Wechselbeziehung zur Natur, verändern sich je nach Nah- oder Fernsicht, schaffen Querverbindungen, verstecken sich im Gewirr der Äste, nehmen die Natur in die Zange. Da wabern die filigranen »Wolken« von Ursula Buchegger zwischen Baumriesen, da schmücken Gesine Grundmanns massive Kettenglieder aus Eichenholz den Rasen. Dort schaukelt Steff Adams »Emily« in den Ästen, dort erobern vier Stahldraht-figuren den »Lebens-Baum« von Foerst, Kaiser & Herterich. Kunst ist hier mal poetisch, mal heiter, mal kritisch. Kunst macht hier Spaß. Genau das wollte die Initiative Kultur Raum Rechtsrhein (KRR) erreichen. Jedes Jahr zu Pfingsten gibt es eine große Ausstellung, 20 Skulpturen werden ausgetauscht, die anderen Arbeiten bleiben. Und werden von der Natur schrittweise zurückerobert – auch mithilfe der im Park lebenden Alexandersittiche, die den alten Baumbestand schätzen und schon mal den ein oder anderen Klecks auf die Werke setzen. Vielleicht ist ja auch das Kunst?

Tipp: Der Schlosspark liegt am Rundwanderweg Kölnpfad, wer mag, kann die Route also beliebig verlängern. Infos gibt's auch unter www.koelner-eifelverein.de

Blicke: ohne Bäume bis zum Dom (links) und daneben durch die Bäume auf »Die Bürger von Stammheim« von Herbert Labusga. Oben: »Die Wa(r)tenden« – Kunstwerk und Wortspielerei von Peter Marth und Stephanie Schröter.

FAZIT: STIEHLT HIER DIE KUNST DER NATUR DIE SCHAU – ODER SIND DOCH DIE BAUM-GIGANTEN DIE WAHREN KUNSTWERKE? EGAL, EIN KÖLSCH AUF DEM MÜHLHEIMER MÄUERCHEN SCHMECKT AUF JEDEN FALL.

Hin & Weg: Mit der Stadtbahn 4, 13, 18 bis Haltestelle Wiener Platz, dann ca. 8 Min. zu Fuß zum Rhein.

Beste Zeit: Indian-Summer-Feeling im Herbst, an Pfingsten gibt's neue Werke zu sehen (mit Rahmenprogramm und Catering). Mehr unter www.schlosspark-stammheim.koeln

Dauer & Strecke: Ca. 45 Min. einfach (3,5 km); insgesamt 3–4 Std., wer länger chillen möchte, bleibt einfach länger …

Ausrüstung: Beutel für Rhein-Strandgut; Kamera.

WO DIE ROSEN BLÜHEN

 ... Blüten und Geschichte im Fort X

Konrad Adenauer liebte Rosen und rettete mit der Idee, ihnen einen Garten zu widmen, eine preußische Festungsanlage vor dem Abriss. Heute können sie von allen besucht werden – die Rosen und die Festungsanlage Fort X. Bei einem Spaziergang durch die Anlage wird der eine oder die andere sich innerlich bei Adenauer bedanken – und vielleicht ebenfalls zum Rosenliebhaber werden.

Eine römische Stadtmauer, eine mittelalterliche Stadtmauer und einen inneren und äußeren preußischen Befestigungsgürtel – das macht ganze vier Befestigungssysteme, die im Köln vergangener Zeiten errichtet wurden. Kein Wunder, dass man da in der Stadt immer wieder auf Reste der steinernen Zeitzeugen trifft. Von dem preußischen Festungsring, der im 19. Jahrhundert entstand, gibt es noch wenige Überreste: Das Fort I liegt im Friedenspark in der Südstadt, Fort IV im Volksgarten und Fort V, von dem wirklich nicht mehr viel übrig geblieben ist, an der Zülpicher Straße. Und dann wäre da noch Fort X. Das X steht für die römische Zehn, und das zehnte Fort hat neben überwucherten Mauern und verwunschenen Pfaden auch noch einen duftenden Kern: Ein Rosengarten mit über 70 Rosensorten wurde hier auf Wunsch des damaligen Kölner Oberbürgermeisters Konrad Adenauer 1920 auf

dem Dach angelegt. Der Gartenbaudirektor Fitz Encke setzte auf exakte Symmetrie.

Wenn man auf das Fort zugeht, sollte man es jedoch zunächst einmal umrunden, auf den historischen Pfaden wandeln und die Bauart bewundern. Kölner Geschichte atmen! Die Festungsanlage war Anfang des 19. Jahrhunderts als Verstärkung der Stadtmauer erbaut worden. Im Zweiten Weltkrieg wurde sie von zwei Bomben getroffen, hielt aber stand. Nach dem Krieg bot sie vielen Familien, die ihre Bleibe verloren hatten, eine Weile Obdach.

Hat man das Fort umrundet, ist ein grünes, gusseisernes Tor nicht zu übersehen – es markiert den Eingang zum Rosengarten. Der Weg führt nach oben, und bevor man die Pflanzenpracht erblickt, kann man die Blumen schon riechen. Der Rosengarten wird von ei-

Der Gartenbaudirektor suchte die Symmetrie: Kurven und Rundungen, Ecken und Kanten im Rosengarten.

ner kleinen Allee gesäumt, und es gibt auch einen schönen, erst kürzlich sanierten Pavillon. Romantik pur – da steht einem leicht kitschigen Fotoshooting nichts mehr im Wege.

Hier oben im gut gepflegten Rosengarten lässt sich die bewegte Geschichte des Forts nur noch erahnen, auf der Website (siehe unten) kann man mehr nachlesen. So vergänglich ist die Zeit, und jedes Jahr von Neuem blühen sie, die Rosen.

FAZIT: ROTE, GELBE, WEIßE ROSEN SOLL ES REGNEN! IM FORT X TRIFFT STADTGESCHICHTE AUF NATUR-SCHÖNHEIT.

Hin & Weg: Mit der Stadtbahn-Linie 12 oder 15 bis zur Haltestelle Nippes, Lohsestraße.

Beste Zeit: Mai–Oktober. Öffnungszeiten (und mehr zur Geschichte) unter www.fortis-colonia.de

Dauer & Strecke: Ca. 1,5 Std., 1,5 km.

Ausrüstung: Nix. Einfach hingehen und sich freuen.

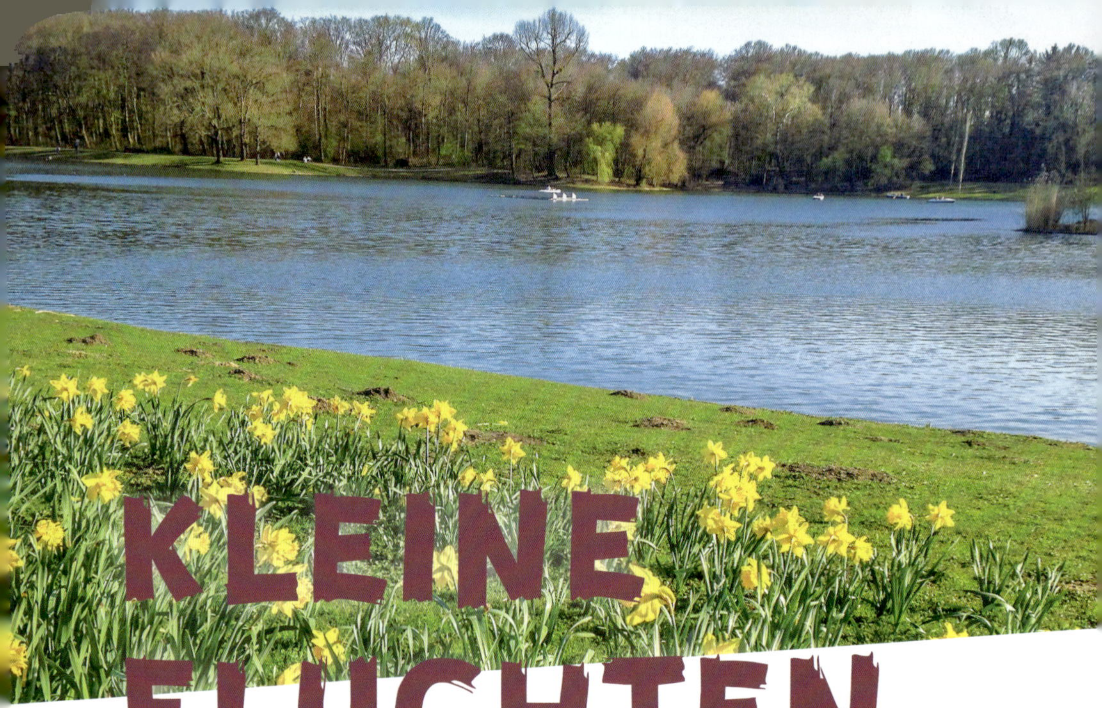

KLEINE FLUCHTEN

… im Vorgebirgspark und am Kalscheurer Weiher

#6

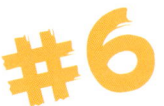

Der eine liegt im Schatten der Zollstocker Hochhäuser, den anderen begrenzt die Autobahn – und doch ist jeder für sich eine Oase. Und das Schöne an Vorgebirgspark und Kalscheurer Weiher: Sie sind nicht so bekannt wie andere Kölner Parks und Seen. Ein wenig Geheimtipp-Flair ist noch geblieben.

#ParadieshinterUlmen #KölnsCentralPark #TretbootinSeenot #Sonnenuntergang

Weiher und Park sind vielen Kölnern unbekannt – zum Glück, möchte man meinen!

Insbesondere der Vorgebirgspark ist noch ziemlich unentdeckt. Wer Lautstärkepegel und holzkohlegeschwängerte Luft etwa im Volksgarten oder am Aachener Weiher kennt, kann das kaum nachvollziehen. Wo anderswo eine Bratwurstdunstglocke dräut und die Kakofonie enthemmter Freizeitgenießer den Spaß am Grün beträchtlich mindert, ist es hier ruhig und man kann durchatmen.

Dabei ist der knapp 14 Hektar große Park kaum zu übersehen. Viele Wege führen offenbar drumherum und nur wenige hinein. Hinter hohen Ulmen tun sich weite Liegewiesen auf; man liest, joggt, picknickt, kickt. Gruppen junger Leute versuchen beim Kubb die Holzklötze der Gegenpartei umzuschmeißen, den Skatepark teilen sich BMX-Fahrer und Skater. Im Basketballkorb werden die Bälle versenkt – und im Hintergrund zeichnet sich die Hochhauswelt Zollstocks ab. Was einige Kölner zum gewagten Vergleich mit dem New Yorker Central Park veranlasst. Den Kindern ist das ganz egal, sie lieben die verwilderten Gebüsche, den großen Spielplatz.

Der Rosengarten ist ein Relikt der Gartenbaukunst des frühen 20. Jahrhunderts. Stau-

Ungewohnte Perspektiven im Park und am Weiher machen glücklich. So viel Grün an einem Tag …

dengarten und Laubengang sind entweder längst verschwunden oder verwahrlosen. Was durchaus liebenswert wirkt. Die 40 Meter lange Pergola muss schon mal als Klettergerüst herhalten, bis es dann doch zu sehr piekst.

Auch das zwei Meter längere Teichrosenbecken – mit seinem türkisfarbenen Grund ein echter Eyecatcher – lässt sich prima umnutzen, von Kindern wie Hunden. Party im Pool!

Nicht ins, aber aufs Wasser dürfen Groß und Klein am Kalscheurer Weiher. Mit Tretbooten, die »Frau Walterscheidt« oder »Jo« heißen; letzteres benannt nach einem früh verstorbenen Familienvater. Frau und Kinder übernahmen die Bootspatenschaft – Namensvergabe inklusive. Der Kalscheurer Weiher basiert ebenso wie der Vorgebirgspark auf Plänen

des Gartenarchitekten Fritz Encke (1928) – beide sollten Volksparkcharakter haben. Das muss der Stadt Köln wohl entgangen sein, als sie 2009 der Pächterin von Kiosk und Kahnverleih kündigte. Doch sie hatte die Rechnung

Hin & Weg: Mit dem Rad zum Vorgebirgspark; einer der Zugänge liegt an der Kreuznacher Straße, wo auch der Rosengarten ist; weiter mit dem Rad zum Weiher, ca. 12 Min. (4 km).

Beste Zeit: Büdchen und Kahnverleih öffnen ab März bis ca. Oktober (www.kalscheurer-weiher.de); Park und See gehen immer. Am ersten Septembersonntag gibt's eine Skulpturenausstellung im Vorgebirgspark. Mehr unter vorgebirgsparkskulptur.eu

Dauer: 2–3 Std. oder gleich bis zum Sonnenuntergang.

Ausrüstung: Picknickdecke, Spielgeräte, ein Tütchen für die Schwanenfedern am See.

ohne Anwohner und Besucher gemacht. Diese demonstrierten, stritten, blieben unnachgiebig und bekamen letztlich, was sie wollten: ihren wunderbaren See mit Büdchen und Kanustation zurück. Die Kölner durften einen Lieblingsort behalten, und einen Sommertag am Seeufer bei einem kühlen Kölsch ausklingen zu lassen, ist wie Urlaub.

Tipp: Wer kann, bleibt bis zum Sonnenuntergang – einem der schönsten Kölns.

FAZIT: ES MUSS NICHT IMMER ALLES SOOO AUFREGEND SEIN – OFT SIND ES DIE KLEINEN DINGE IM LEBEN WIE PICKNICKEN, BALLSPIELEN, BÖTCHENFAHREN, DIE SEHR, SEHR GLÜCKLICH MACHEN.

DIE MISCHUNG MACHT'S

⤄ ... Seilbahn und Mülheimer Hafen ⤃

Dieser Ausflug ist ein kühner Mix aus Altbekanntem und Unbekanntem! Das ist in einer Stadt wie Köln nicht schwer, die ausgetretenen Pfade liegen meist dicht an dicht mit verwunschenen Orten. Vater Rhein bleibt bei diesem Ausflug stets ein treuer Begleiter.

Bunte Mische - Biergarten der Boulehalle, Katzenbuckelbrücke und Relikt aus alten Zeiten.

Die Kölner Seilbahn, seit 1957 in Betrieb und meist ein fester Programmpunkt von Klassenfahrten und Busreisen. Zu Recht! Wer ein wenig Kleingeld übrig hat, steigt an der Haltestelle Rhiel Zoo/Flora in die bunten Gondeln. Die tragen einen in gemütlichem Tempo hoch hinaus. Der Blick schweift über den grünen Rheinpark und weiter hinten grüßt der Dom.

Alternativ kann man auch über die futuristische, hellgrüne Brücke schlendern. Auch von unten lohnt es sich nach oben zu schauen und die Gondeln zu betrachten – hier sind typisch kölsche Symbole zu sehen, wie die Maus vom in Köln ansässigen WDR oder die Heinzelmännchen. Andere Gondeln sind mit Werbung bedruckt, doch ein paar sind wirklich kleine Kunstwerke mit aufwendigen Verzierungen. Auf der anderen Seite des Rheins befindet

sich der Rheinpark mit Rosengarten, Skulpturen und Skatepark.

Aber statt die übliche Route zu nehmen, geht's nun in die andere Richtung. Nach links, zum Mülheimer Hafen. Dieser ist klein und fein. Auf einer winzigen Halbinsel trifft man ein oder zwei Fischer und einige wenige Jogger. Die Sonne und den Fluss genießen, das geht hier besonders gut. Bei trockenem Wetter sitzt es sich auf den großen Steinbrocken am Ufer besonders schön.

Am Ende der Mülheimer Mini-Insel befindet sich eine runde Brücke, Katzenbuckel genannt. Den kann man runterrutschen! Jedenfalls bei Glatteis ... Vom Katzenbuckel aus genießt man das beschauliche Hafen-Panorama – und wieder winkt der Dom.

Ist man erst über der Brücke, dann heißt es durch die Gegend schlendern. Street-Art und überwachsene Industrie, die Mülheimer Docks sind ein Ort mit viel Charme. Nicht unbedingt sauber, aber definitiv sympathisch. Wer noch etwas Zeit hat, kann im Biergarten der Boulehalle direkt am Rhein sitzen oder Boule spielen, inmitten von selbst gebauten Blumenkästen und Girlanden.

Hin & Weg: Stadtbahn-Linie 12 Haltestelle Rhiel Zoo/Flora, zurück mit Linie 4 Haltestelle Grünstraße.

Beste Zeit: Das ganze Jahr, am schönsten im Sonnenschein. Öffnungszeiten und mehr auf www.boulehalle-koeln.de und www.koelner-seilbahn.de

Dauer & Strecke: 2 Std. und 2,5 km zu Fuß.

Ausrüstung: Nix besonderes nötig.

FAZIT: SPANNEND, BUNT UND UNGEWÖHN-LICH – EIN KLEINER, FEINER ABSTECHER!

IN BEWEGUNG

 ... im Grüngürtel

Laufen, springen, dehnen – in der richtigen Umgebung möchte man damit gar nicht mehr aufhören. Das Fitnessstudio wird unter den freien Himmel verlegt und aus der Joggingstrecke wird eine Entdeckungsreise durch den Wald. Hier fühlt sich auch der Schweinehund endlich richtig wohl.

Der Ring aus grünen Wiesen und Parks lädt zum Joggen ein. Die Muskeln können auf den weiten Wiesen nahe des Bahnhofs Köln West aufgewärmt werden. Hier lohnt sich auch der Blick in die Bäume, denn auch die Kölner Papageien lieben den Grüngürtel. Noch ein bisschen geschüttelt und gehüpft – und los geht's! Über Kiesboden, der ist zum Laufen sehr viel angenehmer als Asphalt. Direkt hinter der Subbelrather Straße geht es dann hoch in ein dicht bewachsenen Waldstück, bei dem man fast vergisst in der Stadt zu sein. Bergauf, das bringt den Kreislauf in Schwung und Kraft in die Beine.

Oben gibt's einen herrlichen Blick und Bänke. Doch noch ist die Pause nicht verdient und die Umgebung will erst mal erlaufen werden. Eine Treppe führt zu einer babyblauen Brücke über Bahnschienen, im Hintergrund glitzert der Dom. Na, dann mal los, Treppensteigen ist angesagt! Viele Kölner sind das von zu Hause leid, doch es gibt einige witzige Variationen, die mal ausprobiert werden können. Wie wär's? Auf einem Bein hochgehüpft oder gar auf Zehenspitzen? Mehrere Stufen überspringen? Hoch und runter! Das Tolle daran: Es werden so jedes Mal andere Muskeln trainiert.

Wer die bunte Treppe reichlich ausgekostet hat, kann weiter durch den Wald joggen. Einmal im Kreis und dann wieder runter, gerne mal langsamer, um die Gelenke zu schonen. Apropos Gelenke: In dem Abschnitt zwischen Venloer und Vogelsanger Straße befindet sich der Trimm-Parcours zum Dehnen oder für ein Krafttraining unter freiem Himmel.

Workout im Freilicht-Fitnessstudio – kostenlos! Und die schönste Treppe Kölns hat natürlich Domblick.

Das alles klingt immer noch nicht verlockend? Wie wäre es dann mit einer ungewöhnlicheren Sportart? Slacklinen kann man an mehreren Stellen im Grüngürtel ausprobieren – vielleicht über die Facebook-Gruppe »Slackline Cologne«. Bei schönem Wetter geht es dann gemeinsam raus in den Grüngürtel.

FAZIT: BEI SO VIEL ABWECHSLUNG IST SPORT AN DIESEM WUNDERBAR GRÜNEN ORT VOR ALLEM EINES – GANZ VIEL SPAß!

Hin & Weg: Bahnhof Köln West liegt direkt am Grüngürtel.

Beste Zeit: Das ganze Jahr über – keine Ausreden! Na gut, nicht bei Glatteis oder Starkregen.

Dauer & Strecke: 2–3 Std., 3,6 km.

Ausrüstung: Sportschuhe und -kleidung, evtl. Wasserflasche. Ggf. Smartphone – auf www.koelner-gruen.de gibt's die App »Mein Grüngürtel-Rundweg« kostenlos zum Download.

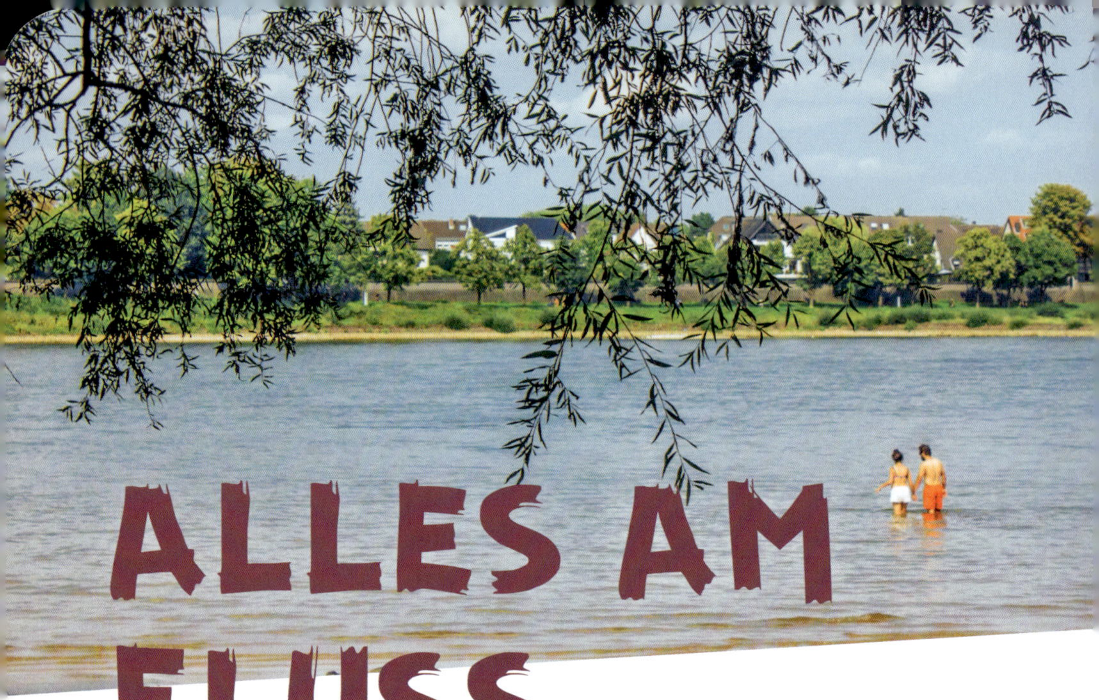

ALLES AM FLUSS

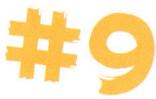

... Radfahren und Planschen am Rheinufer

#9

Zum Strandurlaub zieht es den Kölner an Nordsee und IJsselmeer – oder wenn's schnell gehen soll, an die »Rodenkirchener Riviera«. Einfach aufs Rad schwingen und dem Strom wenige Kilometer nach Süden folgen. Kaum zu glauben: Nach 20 Minuten sind die ersten Buchten mit feinem Sandstrand erreicht, Kölns Rimini.

#Strandfeelingstadtnah #Schiffchenschau #Köllefornia #SandindenSchuhen

→ ABSTECHER...

Rödenkirchener Rh...
Dort zu Hause...
andere Urlaub m...

Los geht's am Kölner Pegel in der Altstadt bei Rheinkilometer 688. Der Turm direkt am Rheinufer ist kaum zu übersehen und die Turmuhr auch nicht. Sie zeigt … ja, was eigentlich an? Jedenfalls nicht, wie spät es ist. Vielmehr verrät der kleine Zeiger der Pegeluhr, wie viele Meter, der große, wie viele Dezimeter der Wasserstand beträgt. Bei 10,70 Meter gibt's Katastrophenalarm. Schnell ist man an der Deutzer Brücke, den Kais der Ausflugsboote, dem ersten Biergarten und dem Schokoladenmuseum vorbeigesaust. Auf dem folgenden Kilometer im unlängst sanierten Rheinauhafen wird aus der Rad- eine Architekturtour. Das Highlight: die drei gut 60 Meter hohen Kranhäuser, sie sollen Assoziationen an historische Ladekräne wecken. Die

närrischen Kölner allerdings erinnern sie an das »Dreigestirn«, Prinz, Jungfrau und Bauer.

Kurz vor der Südbrücke funkelt die Wurstbraterei in der Sonne. Moment mal, das ist doch … Ja, genau, die Currywurstbude von Freddy Schenk und Max Ballauf aus dem Kölner »Tatort«. Nur dass sie im Film auf der anderen Rheinseite steht. Dann auch mit Domblick. Vor einem längeren Stopp liegt jetzt aber erst einmal das schönste Stück der Route: Der Weg führt nun durchs Grün direkt am Rhein entlang. Die Möwen kreischen, die letzten Häuser weichen, jetzt gibt es nur noch dich und dein Rad – und all die anderen Radler und Spaziergänger. Macht nichts, Platz ist für alle. Wenn die Sonne scheint, bleiben Alte Liebe und die anderen

Bootshäuser mit Cafébetrieb links liegen, es lockt der Strand. Vorbei an der Hochwasserschutzmauer – Achtung, hier wird es noch mal eng. Und dann tun sich die weiten Rheinauen auf und links davon die kleinen und großen Buchten mit feinem Sandstrand. Weiter hinten, Richtung Campingplatz, liegen die schattigeren und weniger frequentierten Buchten. Wer mag, macht es sich unter den alten Weiden bequem, andere gehen einfach direkt ans Wasser.

Und jetzt? Badetuch raus, Bikini an, Sonnenbrille auf. Picknick ausgepackt, lecker gegessen und getrunken. Beachballschläger raus, wieder verstauen. Schiffe zählen. Pro Stunde schippern durchschnittlich 17 Schiffe den Rhein rauf und runter, 400 am Tag. Binnenschiffe wohlgemerkt. Noch eine Zahl gefällig? In 60 Minuten fließen knapp zehn Milliarden Liter Wasser an einem vorbei. Bei so viel Wasser möchte man natürlich auch mal rein. Doch hier ist Vorsicht geboten. Gefährliche Strömungen können selbst geübten Schwimmern zum Verhängnis werden. Also gilt: vorne mit den Füßen planschen ist okay, Nassspritzen macht Spaß und kühlt ab. Mehr ist nicht drin. Die Zahl derjenigen, die ihr kleines, aber feines Stückchen Strand immer wieder aufsuchen, macht deutlich: Darum ist es am Rhein so schön (und nicht *im* Rhein)!

Tipp: Wer noch mehr Bewegung braucht: Minigolf ganz old style gibt's gleich um die Ecke hinterm Campingplatz (www.minigolf-rodenkirchen.de). Die Umgebung könnte kaum grüner, die Betreiber kaum freundlicher, der Kuchen kaum leckerer sein. Die Musik – Schnulzen vom Feinsten – beflügelt.

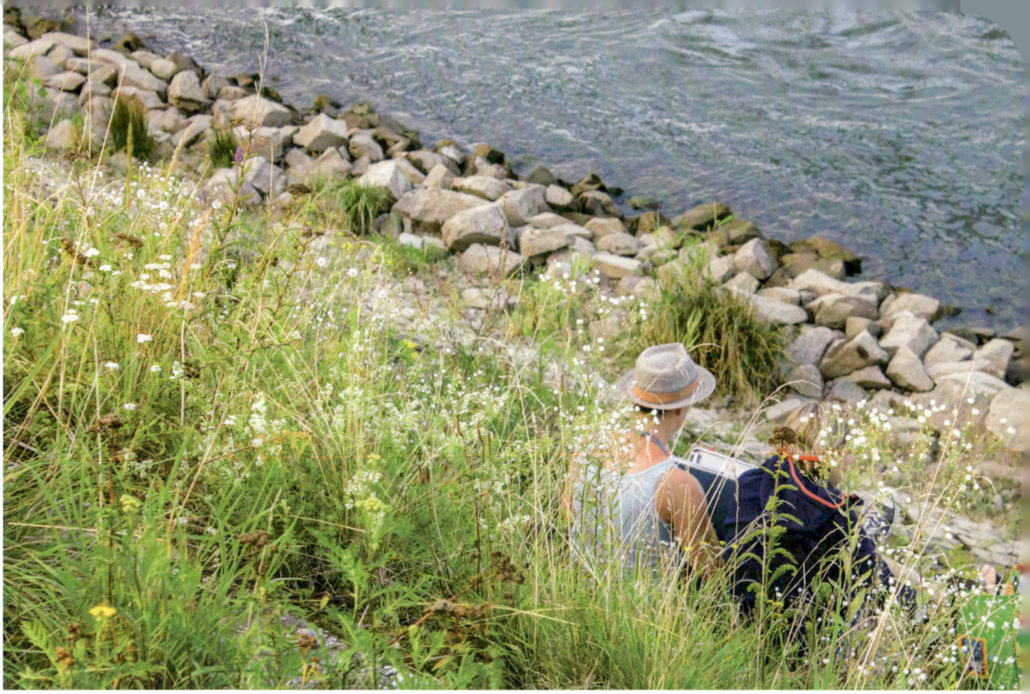

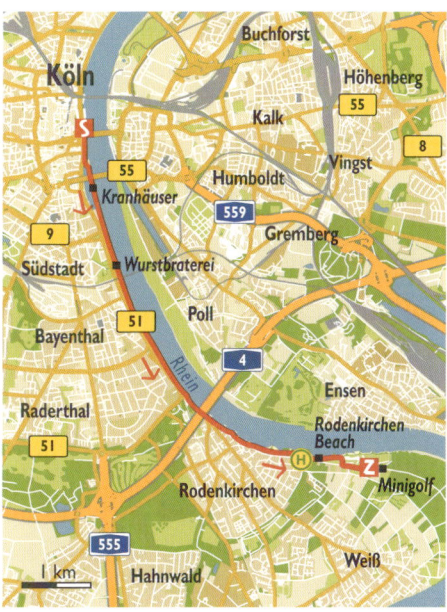

Rhinefeelin' der besonderen Art: An einem freien Tag macht hier alles Spaß – und ist ein wenig wie Urlaub!

FAZIT: AUSPOWERN BEIM RADFAHREN, ABHÄNGEN AM STRAND – VIEL BESSER KANN EIN SONNIGER TAG IN DER GROß-STADT KAUM SEIN.

Hin & Weg: Mit dem Rad direkt an den Rhein, mit Bahn/Bus geht's aber auch: mit der Stadtbahn-Linie 16 bis Haltestelle Rodenkirchen, dann Buslinie 135 bis Haltestelle Uferstraße (letzte Rückfahrt 19 Uhr!), Anfahrt ca. 35 Min.

Beste Zeit: Sommer; Radtour und Schiffezählen geht immer.

Dauer & Strecke: Ein paar Stunden, ein ganzer Nachmittag, ein ganzer Tag, knapp 8 km.

Ausrüstung: Badesachen, Buch, Sandspielzeug, Beachballschläger, Picknick fürs Wohlbefinden.

LASS WACHSEN!

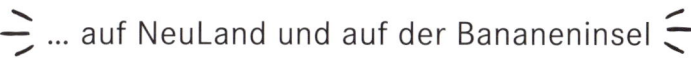 ... auf NeuLand und auf der Bananeninsel

#10

Lust auf einen Abstecher ins Grüne? Aber nur ein Stündchen Zeit? Kein Problem. Die Anreise ist kurz, denn dieses Grün liegt mitten in der Stadt: eine begrünte Verkehrsinsel, eine bepflanzte Brachfläche. Beides Projekte, die froh machen.

Schon mal von *Urban Gardening* gehört? Von *Community Gardens*? *Urban farming*? Projekte dieser Art gibt's vor allem in Amerika. Und seit den 2000er-Jahren auch in Deutschland. Angefangen beim Prinzessinnengarten in Berlin. Diese Grünflächen haben wenig mit klassischen Gärten, Parks oder Schrebergärten zu tun. Allen gemein ist, dass sie in Eigeninitiative und in Gemeinschaftsarbeit entstanden sind. Da, wo vorher nichts war.

Kölns Südstadt ist kinderreich – das erklärt wohl den Wunsch nach viel Grün. Straßenränder werden bunt bepflanzt, Bäumchen gehegt und gepflegt, Sonnenblumen hoch und höher gezüchtet. Und mitten im Veedel, auf einer Verkehrsinsel an der Bonner Straße, wächst eine stattliche Bananenstaude. Höher als vier Meter darf sie nicht werden, sagt Michael Kie-

fer, seit neun Jahren ihr Ziehvater. Sonst muss sie weg. Doch die »Bananeninsel« ist aus dem Kölner Alltag nicht mehr wegzudenken. Und Kiefer, der Präsident der Bananenrepublik, auch nicht. Sein Motto: »Es geht nicht darum, was die Stadt für dich tun kann, sondern was du für die Stadt tun kannst.« Aus diesem Grund pflanzte er 2009 eine erste Bananenstaude auf den hässlichen Schuttplatz im Kreisverkehr – seither treffen sich die Nachbarn regelmäßig zum gemeinsamen Gärtnern.

Essbare Pflanzen darf Kiefer nicht anbauen, eine Parallelstraße weiter ist das anders: bei NeuLand in der Alteburger Straße. Auf dem brachliegenden Gelände der alten Dom-Brauerei ist im Rahmen einer Zwischennutzung ein Urban-Gardening-Projekt entstanden. Kölns Prinzessinnengarten, wenn man so will.

Urban Gardening auf Kölsch: Prinzessinnen haben hier aber nicht viel verloren.

Das Ergebnis: blühende Pflanzkisten und grün markierte Allmendebeete, die für alle da sind, Bienenstöcke, ein »Foodsharing-Fairteiler«, ein grünes Durcheinander. Mitmachen kann jeder. Beim Pflanzen und Pflegen, bei Kochaktionen und Workshops, bei Festen und Pflanzentauschaktionen und in der Flüchtlingsarbeit. Benachbart zum Gartenidyll stehen aufeinandergestapelt Wohncontainer: Flüchtlingsunterkünfte. Spontan entstand die Idee, die neuen Nachbarn in die Gartenarbeit zu integrieren. Auch Umweltbildung für Kinder steht auf dem Programm – und im Sommer neuerdings immer donnerstags die »Marktschwärmerei«. Diese Bauer-to-the-people-Aktion bringt regionale Produkte direkt von den Höfen zu den Abnehmern. Nach NeuLand.

Tipp für alle, die nach all der Gartenarbeit noch einkehren wollen: Schräg gegenüber liegt der Biergarten der Alteburg, ein Idyll, und Il Gelato di Ferigo ein bisschen weiter ist angeblich eine der besten Eisdielen Kölns.

FAZIT: EIN UNGEWÖHNLICHER ORT DER RUHE UND ACHTSAMKEIT MITTEN IN DER STADT. (SÜD-)STÄDTISCH, MITTENDRIN UND DOCH DRAUßEN. HIER IST JEDER WILLKOMMEN.

Hin & Weg: Mit Rad oder Stadtbahn 15, 16, 17 bis Haltestelle Chlodwigplatz, dann ca. 5 bzw. 15 Min. zu Fuß.

Beste Zeit: Sommer; Neulinge kommen am besten erst mal zu Festen, Aktionen, zum Gärtnern mit Ansprechpartnerin. Marktschwärmerei im Sommer donnerstags 17.30–19 Uhr (vorab online bestellen). Infos gibt's unter www.neuland-koeln.de; www.marktschwaermer.de/de/assemblies/9949

Dauer: 1–2 Std., wenn Feste oder Pflanzaktionen sind, auch länger.

Ausrüstung: Nicht im Prinzessinnenkleid kommen, das wird nur schmutzig!

FLÜCHTIGE KUNST

⤜ ... Exkursion nach Ehrenfeld ⤛

Go West!, heißt es zurzeit in Köln, wenn es um Street-Art geht. Im Westen liegt Ehrenfeld, einer der heißesten Hotspots der Szene LANDESWEIT. Denn spätestens seit dem ersten CityLeaks-Festival 2011 kann Köln locker mit Berlin mithalten. Eine Radtour durch die Open-Air-Galerie führt zu Murals, Paste-Ups und Stencils.

#StadtKunst #buntesWunder #sharingcity #EpizentrumEhrenfeld #BlawBlawBlaw

Street-Art – politisch
oder fröhlich, in Ehrenfeld
existiert beides friedlich
nebeneinander.

→ ABSTECHER...

Den Anfang macht das »Skelett« von Harald Oskar Naegli an der Westfassade von St. Cäcilien. Der »Sprayer von Zürich« kam 1980 in die Domstadt und hinterließ ihr mehrere hundert Wandzeichnungen: den »Kölner Totentanz«, der nicht gewünscht war. Von der Strichmännchenserie blieb allein das »Skelett« an der Kirchenfassade. Wurden die Künstler einst wegen Sachbeschädigung belangt, bekommen sie heute zum Teil Geld für ihre Werke.

Nächster Stopp: Belgisches Viertel, eines der Epizentren der Szene. An zig Toreinfahrten, Häusern und Rollläden stößt man auf Gesamtkunstwerke aus Paste-Ups, Stickern, Stencils,

Tags und Zeichnungen, so auch in der Maastrichter Straße. Oft nehmen die Arbeiten Bezug aufeinander; ein absolutes No-Go ist, andere Werke zu entfernen oder zu überkleben. Pdots Pac-Man-Geister, Planet Selfies sozialkritische Comic-Paste-Ups, die Comicfiguren von Ja!Da!, Joinys kleine Mädchen mit Joint und kölschen Sprüchen (die sich weltweit finden), BLAW BLAW BLAWs Sprechblasen ... Diese kunterbunten Potpourris lesen sich wie das Who is Who der Street-Art-Szene.

Ganz still und tiefgründig kommen die Paste-ups des Kölner Künstlers Sei Leise daher (etwa Maastrichter Straße 28 und Brüsseler

Straße 78): »Seine« Kinder schauen entweder ängstlich oder verwirrt oder drehen dem Betrachter den Rücken zu. Nachdenken ist durchaus erwünscht. Ebenso wie beim »Mural 2« des polnischen Duos Sepe und Chazme in der Moltkestraße 88, das verzweifelte Menschen vor düster aufragenden Hochhauswelten zeigt. Gentrifizierung – wieder einmal.

Sozialkritisch geht es in Ehrenfeld weiter. Mit Claudio Ethos' surrealem Wandbild eines Mönchs (Vogelsanger Straße 186), das die Rolle des Klerus bei der europäischen Kolonialisierung in Südamerika thematisiert. Mit der großflächigen Schablonenarbeit des polnischen Künstlers M-City, die die Erde im Zangengriff der Industrie zeigt (Vogelsanger Straße 134). Mit dem »Mural für Viva con Agua«,

das sich kritisch mit der weltweiten Trinkwassernutzung auseinandersetzt (Hüttenstraße/ Ecke Ehrenfeldgürtel). Mit dem Denkmal für die in der NS-Zeit verfolgten Edelweißpiraten (Straßenunterführung Venloer Straße/Bartholomäus-Schink-Straße).

Hin & Weg: Mit dem Rad oder mit der Stadtbahn bis Haltestelle Neumarkt; wer zu Fuß unterwegs ist, sollte evtl. erst in der Maastrichter Straße starten.

Beste Zeit: Immer; besonders spannend während des Street-Art-Festivals CityLeaks im September (www.cityleaks-festival.de; dieses bietet das ganze Jahr über Führungen an).

Dauer & Strecke: Ca. 1,5 Std. oder mehrere Tage, solange es halt Spaß macht. Bis Ehrenfeld sind es, je nach Abstechern, ca. 5–6 km.

Ausrüstung: Fotoapparat nicht vergessen!

Erinnert an den Besuch eines Open-Air-Museums: die Street-Art-Tour durch Ehrenfeld.

Doch zurück zum Bahndamm Ehrenfeld, der sich wie ein riesiges Bilderbuch vor dem Betrachter aufblättert. Mural neben Mural schmückt auf Initiative des Vereins Colorrevolution die Mauern. Ein Querschnitt durch alle Themen und Techniken, Farben und Formen.

Jetzt schnell noch durch die Heliosstraße zum Heliosgelände – so lange es noch da ist. Die vom Abriss gezeichnete Brachfläche mit dem Ehrenfelder Leuchtturm war und ist (noch) Spielwiese der Street-Artisten. Man sieht, es hat Spaß gemacht.

FAZIT: EINE SCHNITZELJAGD DER BESONDEREN ART, DURCHAUS MIT SUCHTFAKTOR. KUNST OHNE HEMMSCHWELLE – SOZIALKRITISCH, POLITISCH ODER EINFACH NUR FRÖHLICH UND BUNT.

360 GRAD!

⋛ ... hoch hinaus auf dem KölnTriangle ⋚

#12

Wo kann man sich einmal um sich selbst drehen und dabei in jede Richtung kilometerweit gucken? Die Antwort ist einfach und zudem wirklich nicht schwer zu finden: KölnTriangle! Auf der Aussichtsplattform des Hochhauses kann sich der Blick endlos im Kreis drehen – aber Achtung, Schwindelgefahr!

Das höchste Kölner Bauwerk ist der Fernsehturm Colonius mit 266 Metern, gefolgt vom Dom mit 157,38 Meter – von hier oben sind sie alle winzig!

Diese Eskapade ist etwas für die Gemütlichen, denn sportlich geht es heute nicht zu. Bevor man am Bahnhof Köln Deutz die Schlösserbrücke überquert, lohnt sich ein Schlenker nach links. Hier steht das Triangle-Hochhaus. Wer bei der freundlichen Dame am Empfang eine kleine Eintrittgebühr gezahlt hat, fährt in rasender Geschwindigkeit mit dem Fahrstuhl in den 29. Stock. Schon nach zwei Minuten liegt einem die Welt winzig klein zu Füßen.

Hier oben kann man sich das ganze Jahr über ganz groß fühlen und der Stadt schnell einmal entkommen. Der Wind bläst kräftig und die Haare fliegen. Besonders schön ist es, in der Nacht die vielen kleinen Lichter zu bestaunen. Das geht am besten von Frühling bis Herbst, dann hat das Kölner Triangle bis 23 Uhr geöffnet. Auch ein Sonnenuntergang ist hier oben

einmalig, wenn sich der Himmel langsam rosa färbt und die Sonne genau zwischen den Domspitzen untergeht.

Die Plattform ist komplett verglast, so sieht man wirklich ganz Köln von oben ... und noch weiter ins Grüne. Ist das dahinten Leverkusen? Und was ist das denn hier für ein komisches Gebäude? Es muss nicht gegoogelt oder auf den Stadtplan geschaut werden, an der Glaswand sind die wichtigen Sehenswürdigkeiten von Köln aufgemalt und benannt.

So lässt sich leicht das Stadion identifizieren oder die Kölner Oper. Die Stadtkenntnis wird erweitert. Oder einfach mal ein Suchspiel daraus machen: Wer erkennt welches Gebäude zuerst? ... Na gut, also der Dom ist nun wirklich nicht schwer zu finden.

FAZIT: IN NUR ZWEI MNUTEN GANZ NACH OBEN. IN DER STADT SCHAUT MAN SO OFT HOCH. AUF DEM KÖLNER TRIANGLE LASSEN SICH NACKENMUSKELN ENDLICH MAL ANDERS HERUM TRAINIEREN.

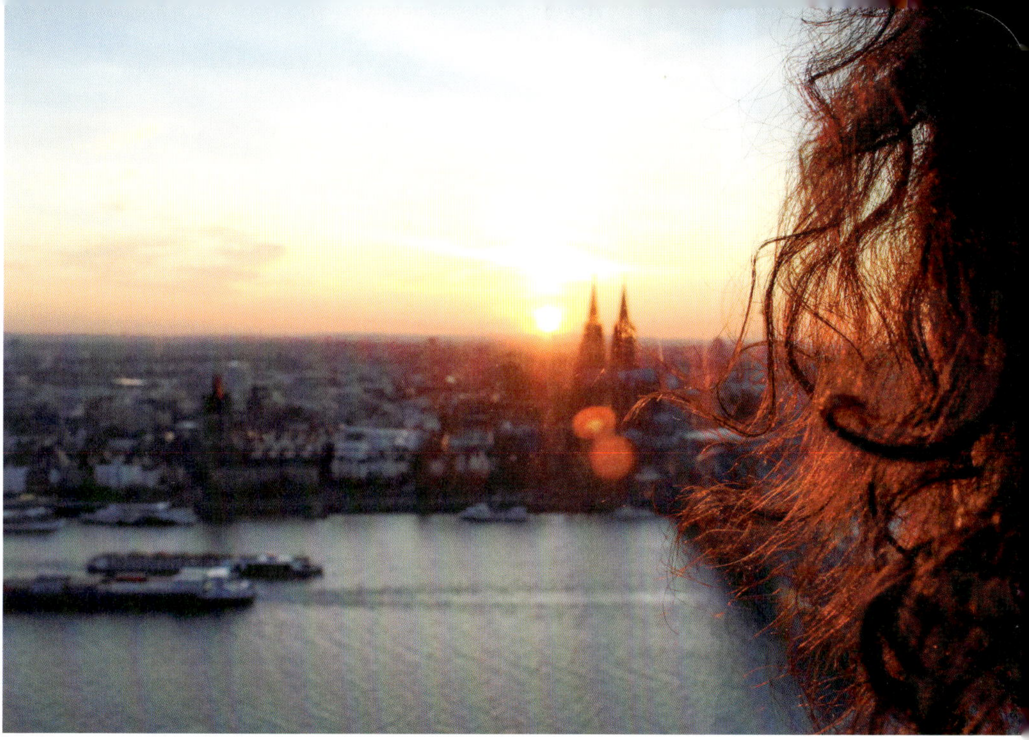

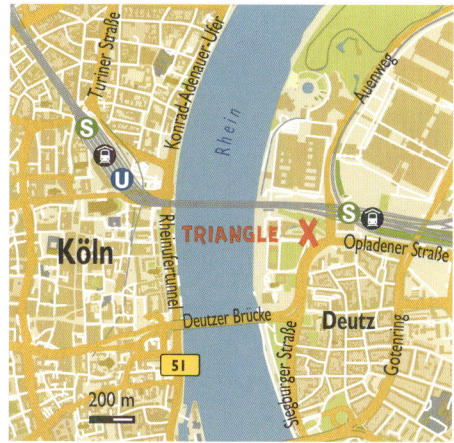

Hin & Weg: 2 Min. zu Fuß vom Bahnhof Köln Deutz (in Richtung Schlösserbrücke) oder alternativ vom Hauptbahnhof einmal über die Brücke nach Deutz laufen (10 Min.).

Beste Zeit: Das ganze Jahr über. Für abends am besten Frühling bis Herbst.

Dauer: 1 Std.

Ausrüstung: Achtung, Wind! Kurze Röcke sollte besser nur tragen, wer den Marilyn-Effekt haben möchte.

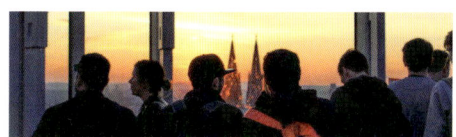

RHINE FEELIN'

⟩ ... ein Nachmittag im Kölner Norden ⟨

#13

Ist das Rheinufer auf Höhe von Zoo und Flora noch recht städtisch, wird es im weiteren Verlauf gen Norden idyllisch-ländlich. Über den als Allee angelegten Uferweg erreicht man den traumhaft gelegenen Schwimmbad-Biergarten und wenig später die Riehler Rheinauen – kleine Fluchten.

Picknick mit Domblick – schöner kann's kaum sein.

»Ich bin dann mal weg« oder »Ich will hier raus« – wer kennt diese Momente nicht: ganz schnell raus aus dem Alltag und die Arbeit Arbeit sein lassen. Und das bitte ohne lange Wege und große Mühe. Wie gut, dass die Rheinauen direkt vor der Tür liegen. Mit dem Rad ist man schnell an der Bastei und am Ufer – und dort kann man sich den Kopf freipusten lassen. Dann ist Zeit für ein Picknick oder einen Biergartenbesuch, beides mit Blick auf den in der Sonne funkelnden Rhein und den Dom im Hintergrund.

Für hastig Aufgebrochene empfiehlt sich zuvor ein kurzer Abstecher zum Restaurant von Flora und Botanischem Garten. Dort, bei Dank Augusta, kann man sich sein Picknick selbst zusammenstellen, einpacken lassen und in der Henkeltasche ans Rad hängen. Der Gag: Das Lokal bietet allerlei Leckeres in Weckglä-sern an: Suppen, Eintöpfe und Gulasch, Salate und Frikadellen, Kuchen und Mousse – zum Verzehr auf der Terrasse oder eben zum Mitnehmen.

Hin & Weg: Ab der Bastei mit dem Rad am Rhein entlang bis zum Konrad-Adenauer-Ufer oder mit Stadtbahn-Linie 16 oder 18, Haltestelle Zoo / Flora; bis zur Flora sind es wenige Gehminuten, bis zum Biergarten/zu den Rheinauen 7 Min. mit dem Rad bzw. 20 Min. zu Fuß.

Beste Zeit: Dank Augusta und Biergarten nur im Sommer bei gutem Wetter. Infos gibt's unter www.koeln-biergarten.de, www.dankaugusta.de.

Dauer & Strecke: Gegen unendlich ... Picknick und Biergartenbesuch je nach Laune. Knapp 3 km bis Dank Augusta. Zum Picknicken am Rhein oder zum Biergarten ca. 2 km.

Ausrüstung: Picknickdecke, ein gut gefülltes Portemonnaie; Getränke bei Dank-Augusta-Picknick besser vom Kiosk mitbringen.

Summer in the city ... Und Biergarten-Time.
Im Schwimmbad werden alle froh!

Im Botanischen Garten selbst und auch auf den Bänken ist Picknicken leider nicht erlaubt. Der Weg zum Rhein führt an Fontänen und lauschigen Laubengängen, Englischem Landschaftsgarten und der Büste von Königin Augusta vorbei. Diese übernahm 1863 die Schirmherrschaft für den Botanischen Garten. Der Name des Gartenlokals auf der Terrasse des imposanten Wintergartenpalastes erinnert an die edle Gönnerin.

Wer's gerne ganz einfach hat: Direkt am Rhein gibt's einen ungewöhnlichen Biergarten, als Alternative zum Picknick. Und der kommt ganz in Blau und mit dem Namen »Schwimmbad« daher. Denn früher lag in dieser Ecke Kölns Vergnügungsviertel, die sogenannte Goldene Ecke, übrig blieb nur das Schwimmbad an Land. Das Schwimmbadblau hat sich bis heute erhalten und auch das Gebäude, das seit gut 20 Jahren Kölns wohl schönsten Biergarten beherbergt. Wer am etwas kauzigen Wirt vorbei ist, mag die traumhafte Terrasse gar nicht mehr verlassen.

Tipp: Es wäre ein Frevel, Botanischen Garten und die Flora, ein Gartendenkmal, einfach links liegen zu lassen. Aber es ist ja nicht aller Tage Ende, und wer jetzt einfach nur chillen will – auch okay. Die 12 000 Pflanzen aus aller Welt und die quietschgrünen Halsbandsittiche, die von Köln aus Deutschland erobern, sind später auch noch da.

FAZIT: GENIEẞER ERFRISCHEN SICH BEI VIEL LOKALKOLORIT IM »SCHWIMMBAD«. WER'S AKTIVER MAG, WANDERT IN DIE RHEINAUEN.

UNO, DOS, TRES, CHA-CHA-CHA!

⋛ ... kubanische Rhythmen auf dem Eierplätzchen ⋚

#14

Sonntagnachmittag. Unaufhaltsam kündigt sich der Wochenend-Blues an – der Montag naht. Doch in Köln ist nicht Blues, sondern kubanischer Son angesagt, und aus einem kleinen Südstadt-Platz wird im Handumdrehen eine Insel in der Karibik. Fetzige Musik, schnelle Tanzschritte und viel Körperkontakt inklusive.

Es war einmal ein kleiner Platz im Süden Kölns, dem die Stadtväter noch nicht einmal einen Namen gaben. Die Kölner jedoch tauften ihn wegen seiner ovalen Form liebevoll »Eierplätzchen« und schlossen ihn auch sonst in ihr Herz. Angelegt als Endpunkt einer Allee und direkt am Römerpark wird hier geratscht und getratscht, Fußball gespielt und zugeschaut, gelacht, geraucht und getrunken. Er ist Open-Air-Galerie, Standort eines Bücherschranks und zur Adventszeit eines Tannenbäumchens, das Anwohner im Vorbeigehen ganz nach Gusto schmücken. Und er ist Konzertsaal. Den die gleichnamige Eierplätzchenband seit über 20 Jahren nutzt. An Sommersonntagnachmittagen. Dann ist der Kuchen verputzt und Bewegung kann nicht schaden.

»Uno, dos, tres … Kommt, Cha-Cha-Cha kann jeder!« Sängerin Betsy de Torres macht es vor, erklärt, singt. Temperamentvoll, sanft und wild, melancholisch und doch voller Lebensfreude. Der kurze Rock wippt, die Schuhe treten den Boden. Jetzt übernimmt das Saxofon, kräftig, schwungvoll, laut. Die Maracas rasseln. Bolero folgt auf Guaracha, Rumba auf Cha-Cha-Cha auf Son Cubano. Wo anfangs

Hin & Weg: Mit der Stadtbahn bis zur Haltestelle Chlodwigplatz, dann ca. 5 Min. zu Fuß.

Beste Zeit: An einigen Sommersonntagen wird von 16 bis 18 Uhr getanzt. Fußball, Boule oder einfach Abhängen geht immer; div. Kunstaktionen; Kaffee, Bier, Eis etc. gibt's im Café Römerpark oder im Büdchen nebenan. Infos unter www.eierplaetzchenband. de; www.edelweisspiratenfestival.de

Dauer: 2 Std. Danach in Römer- oder Friedenspark den Sonntag auskosten, so lange es geht.

Ausrüstung: Schuhe für die Dancing Queen, Picknick fürs Wohlbefinden.

Südstadtfeeling pur – bunt und ganz schön »gefühlig« ...

noch deutsche Zurückhaltung zu spüren ist, sind meist schnell alle Hemmungen vergessen, es wird getanzt, was die Südstadt hergibt. Da kreisen ältere Damen um ihren Rollator, da krabbeln Babys zwischen den Tanzenden herum – alles geht, alles ist erlaubt. Betsy engagiert sich übrigens beim Edelweißpiratenfestival im benachbarten Friedenspark. Es ist oppositionellen Jugendgruppen gewidmet, wie sie in Köln während der NS-Zeit aktiv waren. Eine ständige Erinnerung an diese Jahre sind die Bodenplatten vor der heutigen TU am Römerpark: Namen wie Bertolt Brecht und Erika Mann stehen für die Bücherverbrennung von 1933, die hier stattfand. Wie tröstlich, dass um die Ecke heute getanzt wird.

FAZIT: LEBENSLUST PUR MIT ANDEREN MENSCHEN TEILEN – MEHR WOHLFÜHL-FAKTOR GEHT KAUM. UND DANACH NOCH IN DEN PARK ODER AN DEN RHEIN. PERFEKTER KANN EIN SONNTAGNACHMITTAG NICHT SEIN.

EIN PARK FÜR ALLE FÄLLE

⇒ ... Jahreszeiten erleben im Beethovenpark ⇐

#15

Bunte Drachen in die Lüfte steigen lassen, das ist nur was für Kinder? Auf keinen Fall! Drachensteigen bringt Jung und Alt viel Spaß – und ordentlich Sport macht man nebenbei auch. Denn Drachensteigen heißt vor allem eines: laufen, laufen und noch schneller laufen! Das Motto für heute: Auf in den schönen Beethovenpark und ab in die Lüfte.

An einem windigen Tag im Herbst kommt man schon mal auf den Gedanken, Drachen steigen zu lassen. Das geht vielerorts im schönen Köln. Nur Strommasten oder Hochspannungsleitungen dürfen nicht in der Nähe sein. Ein heißer Tipp ist der Beethovenpark in Sülz. Weite Wiesen und waldige Wege. Im Winter kann man auf dem Pilzberg rodeln, im Sommer relaxen ohne viel Trubel.

Wer an der Haltestelle Klettenberg aussteigt, ist schon nach zehn Metern im Grünen. Hier führt auch der bekannte Rundwanderweg Kölnpfad entlang und ein Naturschutzgebiet beginnt. Nach fünf Gehminuten fängt ein kleines Waldgebiet an, allein die Geräusche des Verkehrs lassen einen die Stadt nicht völlig vergessen. Nach einem Stück durch den »Wald«, befindet man sich im Herzen des Beethovenparks.

Die malerischen Wiesen im Innern des Parks inspirieren zum Faulenzen. Doch erst gilt es noch, den höchsten Punkt zu erklimmen: den Pilzberg. Wie der Name schon sagt, schmückt den nichts anderes als ein Pilz. Aus Beton, bunt angesprayt und übermannshoch. Vom Pilzberg ist die Aussicht auf den grünen Park toll, und der Platz ist ideal für ein kleines Picknick. Entweder auf den Bänken, direkt unterm Pilzdach, oder auf der Wiese – für jedes Wetter ist eine Option dabei. Auch Grillen kann man im gesamten Park, ohne sich dabei wie auf einem überladenen Festival à la Aachener Weiher zu fühlen. Im Beethovenpark geht es gemütlicher zu. Ein Abenteuerspielplatz lockt

Nicht zu verfehlen: Ein großer Pilz schmückt den Pilzberg im Beethovenpark.

die Kölner Pänz (Kölsch für Kinder), und man munkelt, dass Single-Eltern hier wunderbar Flirtgelegenheiten finden. Wer genug gesehen, gechillt oder geflirtet hat, für den ist Action angesagt.

Drachen steigen lassen geht am besten zu zweit, und besonders entscheidend ist: Geduld. Auch wenn es plötzlich windstill scheint, weiter oben weht so gut wie immer ein Lüftchen. Nun heißt es auf den richtigen Windstoß warten. Am besten mit dem angefeuchteten Finger testen, aus welcher Richtung der Wind kommt, dann mit dem Rücken zum Wind hinstellen, den Drachen vor sich halten. Der Wind ist da? Dann zack, mit Kraft an der Leine ziehen! Und loslaufen! Es braucht etwas Übung, aber wenn man den Dreh raus hat, muss man für den Start gar nicht mehr so hektisch hin und her rasen ... wobei das natürlich ein gutes Ausdauertraining ist.

Ganz in der Nähe des Parks befindet sich übrigens die Sternwarte Köln: Wer im Park noch nicht genug Sonne getankt hat, kann samstag- und sonntagvormittags hier der Sonne noch näher kommen! Infos gibt's unter www. volkssternwartekoeln.de

FAZIT: MITTEN IN DER STADT UND DOCH GANZ WOANDERS – DER BEETHOVENPARK IST EIN GRÜNER TIPP FÜR JEDE JAHRESZEIT.

Hin & Weg: Hin mit der Stadtbahn-Linie 18, Haltestelle Klettenbergpark, zurück mit der Stadtbahn-Linie 9 von Weyertal.

Beste Zeit: Im Winter rodeln, im Frühling grillen, im Sommer chillen und im Herbst Drachen steigen lassen!

Dauer: 1,5 Std. bis unendlich.

Ausrüstung: Picknickdecke, Proviant, im Herbst unbedingt Flugdrachen (vielleicht mal selbst gebastelt?).

TOR ZU EINER ANDEREN WELT

≥ ... auf dem Melaten ≤

Für viele Menschen ist ein Friedhof kein Ort, an dem sie sich gerne aufhalten. Aber keine Sorge, der Melatenfriedhof mitten in Köln ist nicht düster und bedrückend. Vielmehr erwarten den Besucher Kölner Geschichte, uralte Bäume, kunstvolle Gräber und viele kleine, rotbraune Eichhörnchen.

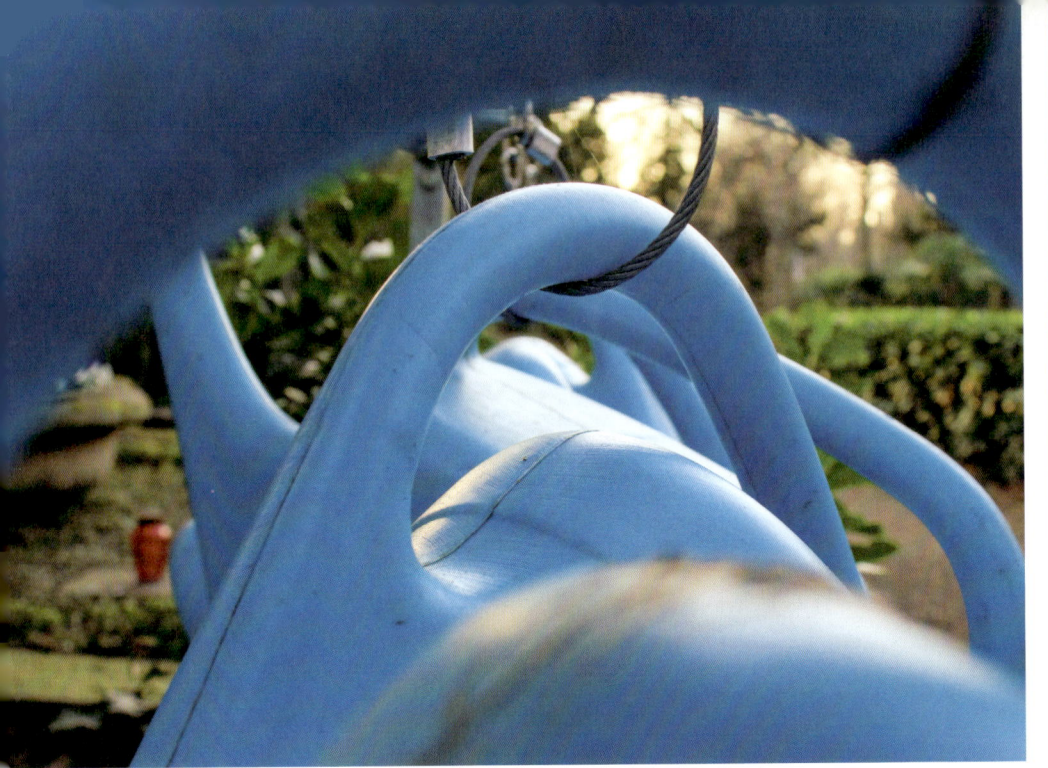

Noch steht man an der viel befahrenen Aachener Straße, Verkehrslärm dröhnt in den Ohren, die Straßenbahn wummert, Hupen, Abgase – und schwupps, das Tor zum Melatenfriedhof ist wirklich das Tor in eine andere Welt. Plötzlich ist alles ganz still – außen und innen. Weite Alleen und riesige Bäume, gesäumt von ganz unterschiedlich aussehenden Gräbern.

Der Melaten ist definitiv nicht nur ein Ort für die Toten. Auf dem zweihundert Jahre alten Friedhof wird kölsche Geschichte lebendig. Die Familie Millowitsch liegt hier, sie prägte das Kölner Volksschauspiel, und noch heute gibt es ihre Volksbühne am Rudolfplatz. Oder die Familie Sünner, Begründer der ältesten kölschen Brauerei, deren kölsches Wasser und Biere

man auch jetzt noch schlürft. Auch Wilhelm Marx, Reichskanzler, und Matilde von Mevissen, Frauenrechtlerin, werden gerne besucht.

Zwischen den rund 55 000 Gräbern stehen eindrucksvolle Denkmäler. Kunstgeschichte wird auf dem Melaten lebendig: von griechisch-römisch inspirierten Bildhauerwerken bis hin zu modernen Interpretationen – nah

Hin & Weg: Stadtbahn-Linie 1 oder 7 bis Haltestelle Melaten.

Beste Zeit: Das ganze Jahr über.

Dauer & Strecke: 1,5 Std. im Schlender-Tempo, soweit einen die Neugier treibt.

Ausrüstung: Einfach mal hineingehen.

Auch flitzende Eichhörnchen finden sich unter den vielen verschiedenen tierischen Bewohnern des Melaten.

und frei und ganz anders als in einem Museum. Bei einem ausgedehnten Spaziergang durch den Melaten begegnen einem viele lebendige Bewohner, denn der Friedhof ist auch ein Naturschutzgebiet. Hier leben unter anderem Bussarde, Fledermäuse und Füchse, es gibt 90 Vogelnistkästen, zwei Insektenhotels und 21 Fledermauskästen. Viele Pflanzen- und Tierarten führen hier ein angenehmes Leben – auf 435.000 Quadratmetern. Wer dann den Melaten verlässt und wieder an der Aachener

Straße steht, dem erscheint der Ort, an dem er gerade war, ganz unwirklich und irgendwie nicht ganz von dieser Welt.

FAZIT: MELANCHOLISCHE SCHÖNHEIT MITTEN IN DER STADT – EIN ORT DER RUHE UND DER NATUR FÜR DIE TOTEN UND DIE LEBENDEN.

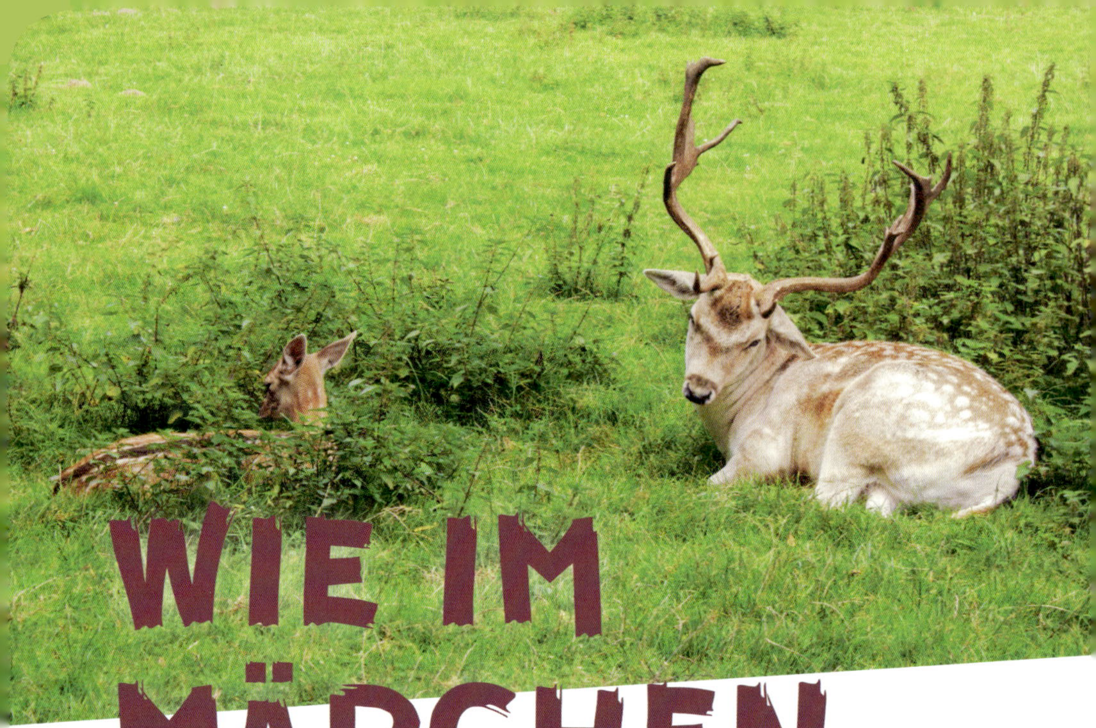

WIE IM MÄRCHEN

… im Stadtteil Dünnwald

#17

Eine Reise in die Welt der wilden Tiere erscheint in Köln oft weit weg, doch dem ist gar nicht so. In der Straßenbahn einfach sitzen bleiben, dann wird es plötzlich bunt. Bei einem Besuch der tierischen Mitbewohner im Dünnwalder Wildpark wird dem Städter erst mal wieder bewusst, dass er nicht alleine ist.

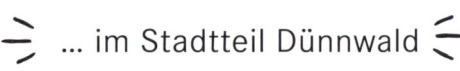

#Waldwege #WildParkWald #FloraFaunaFreunde

Von hell bis dunkel:
Grün tut gut!

Leuchterstraße ist der passende Name für die U-Bahn-Haltestelle, an der die Reise in die leuchtenden Farben der Natur beginnt. Nur noch wenige Minuten grauer Asphalt – und schon steht man in einer saphirgrünen Oase der Stadt.

Köln ist eine grüne Stadt. Das beweisen Grüngürtel, Parks und Stadtteile wie Dünnwald. Woher der Name kommt? Wer weiß. Tatsächlich gibt es hier im Arboretum etliche dünne Baumstämme ...Die Bäume erobern sich die Landschaft zurück, exotische und einheimische. Im Vorbeigehen erfährt man ihre Namen und allerlei über ihre Eigenschaften.

Hier ist auch ein Wildpark, und nach wenigen Metern im Wald steht man vor einem Zaun, dann einem Tor und ... es ist offen! Mitten in den Wildpark hinein spazieren? Natürlich nicht, das erste Tor führt in das Arboretum, einem angelegten Wald mit besonderen fremdländischen Hölzern, die hier beachtlich schnell in die Höhe schießen.

Weiter geht es in Richtung Wildpark zum nächsten Baumlehrpfad. Er bietet sich als Tast- und Fühl-Parcours an: die Augen schließen und die Rinde der verschiedenen Bäume erspüren – wie unterschiedlich sie sind! Die

Stadt wird leiser und der Wald immer lauter. Da taucht ein Tier auf. Erst meint man, es sei ein Hund, doch beim Näherkommen grüßt grunzend und schmatzend das Wildschwein. Der Dünnwalder Wildpark ist erreicht. Direkt

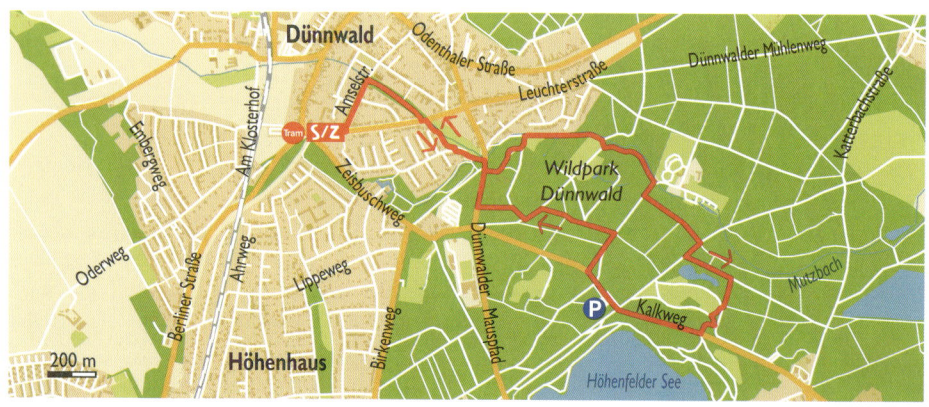

Augen auf! Auf den Wegen gibt es allerlei Spuren zu entdecken. Und an den Seen kann man entspannt die Spiegelungen auf dem Wasser beobachten.

neben den Wildschweinen erstreckt sich das Damwildgehege. Diese schönen hirschartigen Tiere können schneeweiß oder tiefschwarz sein. Wer möchte, kauft an einem Automaten Futter für die Tiere.

Eine Wildschweinschnauze kann aber sicher auch ohne Leckerli einmal gekrault werden. Die Tiere sind es gewöhnt, gefüttert zu werden und kommen sehr nah. Oder man setzt sich einfach hin und beobachtet. Im Wildpark leben zudem noch Wisente und Mufflons.

Doch auch überall sonst kreucht und fleucht, zwitschert und raschelt es. Der Mutzbach und kleine und große Seen bieten Fröschen, Schildkröten und Reihern ein Zuhause – und dem Besucher die Möglichkeit zu kurzen oder herrlich langen Spaziergängen durch Mutter Natur.

FAZIT: MAN FAHRE NICHT WEIT, MAN NEHME NICHT VIEL MIT, MAN PLANE NICHT LANGE UND LASSE SICH DANN EINFACH BEZAUBERN. EIN FROSCHGRÜNER, REHBRAUNER UND TAUBENBLAUER AUSFLUG!

Hin & Weg: Stadtbahn-Linie 4, Haltestelle Leuchterstraße.

Beste Zeit: Das ganze Jahr über ab in den Wald!

Dauer & Strecke: 3 Std. sollte man sich mindestens Zeit nehmen; Rundgang ca. 5,5 km

Ausrüstung: Nichts muss, alles kann (alles = feste Schuhe, Proviant, Fernglas, Augenbinde, Kamera).

DEN PAPAGEIEN GUTE NACHT SAGEN

... beim Rheinufer-Spaziergang

#18

Papageien gehören nun schon seit einigen Jahren zum Kölner Stadtbild. Die schillernd grünen Halsbandsittiche sind vermutlich in den Sechzigern aus dem Kölner Zoo entkommen und fühlen sich hier am Rhein äußerst wohl. Nach diesem Spaziergang weiß man auch warum – Köln hat einfach wunderschöne Ecken!

Das Rheinufer: unbestritten einer der schönsten Orte in Köln, um draußen zu sein.

auszufinden. Doch vor allem im Frühjahr und Herbst grasen sie hier.

Die langsam untergehende Sonne kann der Spaziergänger bis zur Südbrücke genießen, dann geht es über die schöne alte Brücke auf die anderer Seite. Dort angekommen heißt es warten, auf den Sonnenuntergang und die blaue Stunde – einfach eine Decke ausbreiten oder bei kälteren Temperaturen eine Bank aufsuchen. Warten, den Himmel beobachten und die Ohren spitzen. Denn es dauert nicht lange und der Rheinblick wird zur Vogelschau. Tauben und Möwen suchen sich einen Schlafplatz, und ja, da hört man auch etwas exotischere Klänge – die Papageien kommen!

Von den einen gehasst, von den anderen geliebt. Die Papageien spalten Köln. Die Stadtverwaltung will sie eigentlich schon länger loswerden, sie vermehren sich zu schnell, machen zu viel Dreck und sind zu laut. Bislang sind alle Versuche erfolglos geblieben, man trifft die Papageien an verschiedenen Orten in Köln: Besonders häufig sind sie im Volksgarten, in Stammheim, im Römerpark oder eben am Rhein. Die grünen Vögel haben hier einige ihrer Schlafbäume, direkt bei der Bushaltestelle Rheinufer.

Warum es ausgerechnet diese Bäume sein sollten, bleibt ein Rätsel. Sie wachsen direkt an einer viel befahrenen und lauten Straße. Nach dem Spaziergang kann man hier den Bus nehmen und dabei den Schlafbäumen noch einen kurzen Besuch abstatten. Wer den richtigen Moment erwischt, sieht vielleicht noch einen Schwarm heranfliegen, der ist dann nicht zu überhören. Wer Pech hat, und die Tiere schlummern schon friedlich in ihren Baumkronen, der sieht nur Gefieder und Kot. Na dann, Gute Nacht!

Der Rheinufer-Spaziergang startet auf der »Schäl Sick«, so nennt der Kölner die »falsche Seite«, den linksrheinischen Teil der Stadt. Doch so »schäl« ist es hier gar nicht! Schlagendes Argument für die linke Rheinseite: Hier hat man am längsten Sonne. Und die lässt sich auf den Pollerwiesen so richtig genießen. Wer inmitten der saftig grünen Gräser über unbefestigte Wege spaziert, hat das Dom-Panorama die ganze Zeit im Blick. Es tut dem ganzen Körper gut, endlich mal nicht über Asphalt zu laufen. Mit etwas Glück trifft man sogar auf Schafe. Die wirken hier auf den Großstädter meist erst mal wie eine Fata Morgana. Doch tatsächlich wird die »Schäl Sick« von Mühlheim bis Poll von Schäfern als Weidefläche genutzt. Ein praktischer Rasenmäher für die Stadt. Wann und wo die wolligen Wesen anzutreffen sind, ist nicht so leicht her-

Die Südbrücke hat viele Schokoladenseiten – von unten, von oben, von rechts oder links.

Hin & Weg: Mit der Stadtbahn-Linie 7 bis Haltestelle Drehbrücke, zurück mit dem Bus von der Bushaltestelle Rheinufer.

Beste Zeit: Das ganze Jahr über, auf die Uhrzeit kommt es an: am besten 2 Std. vor Sonnenuntergang losgehen.

Dauer & Strecke: 2,5 Std. und 3,3 km zu Fuß.

Ausrüstung: Evtl. ein Fernglas, je nach Wetter eine Decke oder eine Thermoskanne mit etwas Warmem.

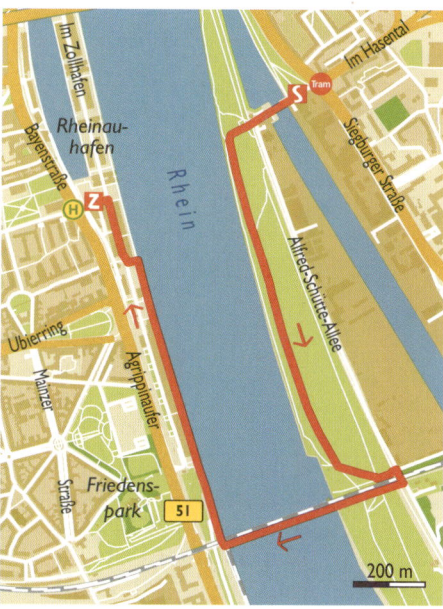

KÖLNS HÖCHSTEN BERG BEZWINGEN

⟩... ein Spaziergang auf den Monte Troodelöh ⟨

#19

Monatelanges Training, ein endlos langer Aufstieg und ein atemberaubender Ausblick – das alles kann man beim Monte Troodelöh vergessen. Was bleibt? Ein entspannter Waldspaziergang und, immerhin, ein Eintrag ins Gipfelbuch.

Unbedingt trödeln auf dem Weg zu Troodelöh!

Der Weg führt geradeaus. Schlendern, sich Zeit lassen und den Wald atmen. Die Farben genießen. Rot, Gelb, Orange, Grün ... der Wald erstrahlt in den schönsten Tönen. Am Wegesrand erscheinen Schilder, auf denen steht »Wolfsweg« oder »Hügelgräber« – das klingt mysteriös. Doch bisher sieht es hier aus wie in jedem anderen Wald. Der Weg führt geradeaus, nicht hoch oder runter, nicht nach rechts oder links. Langsam fängt man an, sich zu wundern. Hier soll bald der höchste Punkt Kölns auftauchen?

Irgendwann ist die Verwunderung so groß, dass man einfach nachfragen muss: »Doch, doch. Immer geradeaus!«, werden es Passanten bestätigen. Dann, nach einiger Zeit und einem Weg mit maximal 20 Prozent Steigung, endlich die Gewissheit: Ein Wegweiser erzählt von einer »Wassertretstelle« und direkt darunter steht tatsächlich: »Monte Troodelöh«. Noch

ein paar verwirrte Schritte weiter, dann ist das Ziel erreicht: die Spitze des allerhöchsten Berges von Köln! – Wäre dort nicht ein Stein am Weg, man könnte es glatt übersehen. Doch darauf steht eingraviert »118,04 Meter, Kölns höchster Punkt«. Sehr amüsant ist auch das Gipfelbuch, in einem Briefkasten direkt am Stein befestigt. Wer will, kann darin herumblättern und sich natürlich auch selbst verewigen.

Nun noch einmal innehalten und hier »oben« den Blick schweifen lassen ... Moment mal!

Hin & Weg: Stadtbahn-Linie 9 bis zur Endhaltestelle Königsforst.

Beste Zeit: Das ganze Jahr über, am schönsten jedoch ganz klar im Herbst.

Dauer & Strecke: Ca. 2,5 Std. und 9 km zu Fuß.

Ausrüstung: Die individuelle Waldspaziergang-Wohlfühlkleidung.

Es sieht doch aus, als wäre nur ein paar Meter weiter der Wald viel höher. Ist das schon Bergisch Gladbach? Die Entdecker und Namensgeber des Monte Troodelöhs (die Herren Troost, Dedden und Löhmer) waren sich jedoch sicher: 1999 stellten sie hier das Gipfelkreuz auf.

EISZEIT!!!

... auf dem Decksteiner Weiher

#20

Es kommt nicht oft vor, dass Kölns Seen zufrieren. Aber wenn es dann mal so weit ist – nichts wie rauf aufs Glatt-Eis! Ganz egal, ob als Kufenkünstler oder einfach nur so, ohne Schlittschuhe übers Eis schliddern – rote Bäckchen und Spaß sind garantiert. Und gesund ist es auch!

für große und kleine Leute. Eisgänger mit und ohne Schlittschuhe. Kinderwagen, Schlitten und Hunde. Spaziergänger und Jogger. Eishockeyspieler und Pirouettendreher. Auch, wenn man nicht weiß, was ein doppelter Rittberger oder ein Toeloop ist – Eis macht Laune. Nur die Enten und Schwäne können dem nichts abgewinnen und ziehen sich zurück, zu viel Trubel. Für sie ist ein Eckchen im See freigeschlagen.

Am besten läuft man gleich in Gruppenstärke auf: Freunde sind immer gut, auch wenn man mal strauchelt. Sprechen beruhigende Worte, loben, wie gut man doch schon fährt, und helfen nach einem Sturz wieder auf. Denn eben ist Natureis natürlich nicht: hier liegt ein bisschen Schnee, dort ein Stöckchen, drüben zieht sich ein Riss durchs Eis. Cracks nutzen die ganze Länge des Decksteiner Weihers und legen Sprints auf dem Eis hin. Gut zwei Kilometer ist der See lang. Schließlich ist er im Sommer Regattabahn. Und mit ein bisschen Puste kommt man auch ganz rum. Fünfeinhalb Kilometer sind es, die Füße fliegen, die Gedanken auch. So muss Freiheit sein!

Fliegen bis die Lunge nicht mehr mitmacht, wie kleine Messerstiche fühlen sich die Atemzüge an. Jetzt kommt der heiße Tee aus der Thermoskanne gerade recht. Bei der klirrenden Kälte geht das Tässchen mehrmals von Hand zu Hand. Manchmal ist auch der Eiswa-

Eis setzt Glücksgefühle frei, nicht nur die leckeren Eiskugeln im Sommer – nein, auch das leise knirschende Eis unter den Füßen. Schnell werden Erinnerungen an früher ausgepackt, da froren die Seen noch häufiger zu. Daher heißt es auch in Köln bei eisigen Minusgraden aufgepasst: Wann ist es endlich so weit? Die Amsterdamer übrigens haben sogar einen »Eismeister«, der sich während der gesamten Schlittschuhzeit zum Zustand der gefrorenen Grachten äußert ...

Währenddessen schleichen in Köln-Lindenthal seit Tagen einsame Gestalten um den Decksteiner Weiher, prüfen, ob das Eis auf dem See schon hält. Ist das Wasser unter den Brücken zugefroren, kann man drauf, weiß ein alter Hase. Und dann gibt es kein Halten mehr

gen da – nur verkauft der im Winter heißen Kakao und Glühwein.

Auch nicht schlecht: Das Haus am See hat zwar schon bessere Tage gesehen, doch bietet es neben warmen Getränken auch unschlagbar leckeren Kuchen (www.hausamseekoeln.de). Auf der Terrasse. Mit Blick auf den See.

Hin & Weg: Mit dem Rad oder der Buslinie 978, Haltestelle RheinEnergie-Sportpark, dann ca. 10 Min. zu Fuß.

Beste Zeit: Sobald der See zugefroren ist; Betreten auf eigene Gefahr!

Dauer: Je nach Kondition 1 Std. bis ganzer Nachmittag.

Ausrüstung: Schlittschuhe, es gibt keinen Verleih vor Ort.

FAZIT: EIN NACHMITTAG VOLL SONNE UND GLÜCK. DAS PURE WINTERVERGNÜGEN!

2. KAPITEL
AUSFLÜGE

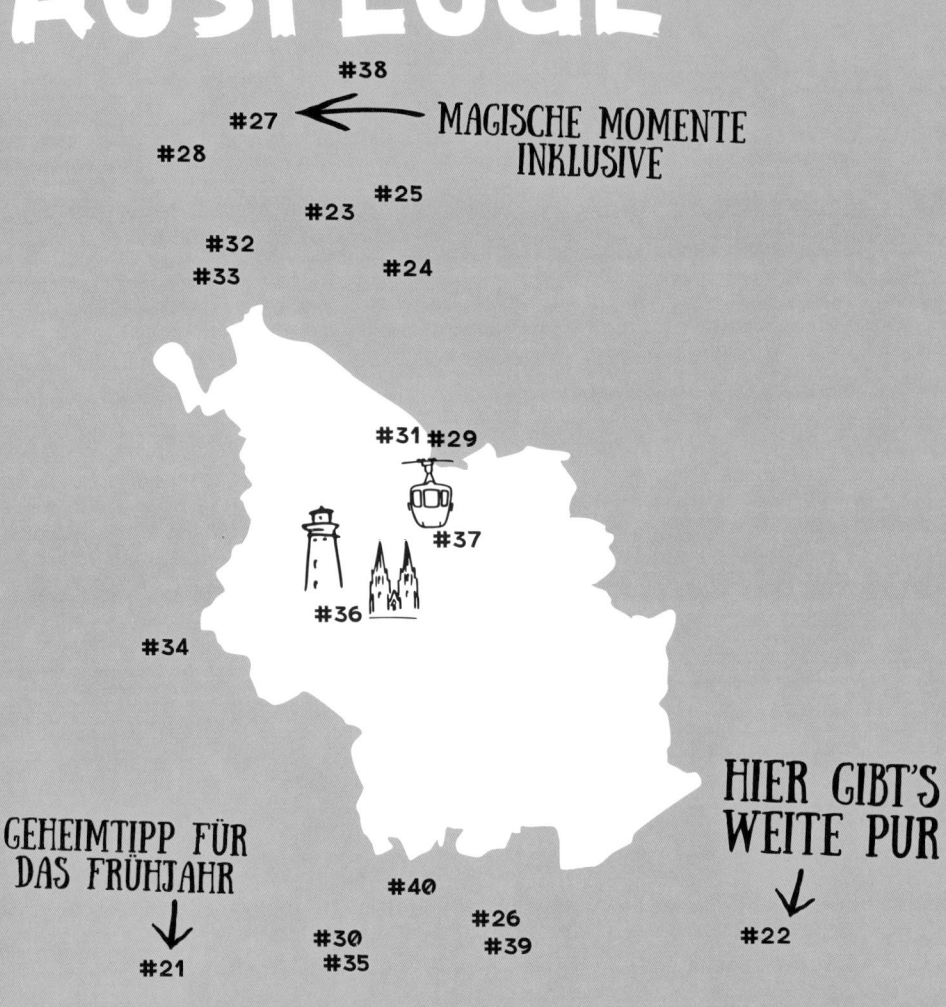

#38

#27 ← MAGISCHE MOMENTE
INKLUSIVE

#28

#25
#23

#32
#33 #24

#31 #29

#37

#36

#34

GEHEIMTIPP FÜR
DAS FRÜHJAHR

↓

#21

HIER GIBT'S
WEITE PUR

↓

#22

#40

#26
#39

#30
#35

Raus für einen Tag

Hinaus ins Grüne, hinein in die schönsten Ecken der Gegend. Ob Wandern, Radeln, Paddeln, Raften oder einfach die Natur genießen – für jede Laune und jedes Wetter ist etwas dabei.

12 H

#21	Blühende Landschaften	Seite 92
#22	Barfuß!	Seite 96
#23	Der Lack ist ab!	Seite 100
#24	Über die Wupper gehen	Seite 104
#25	Bitte aufsteigen, Abfahrt!	Seite 108
#26	Sagenhaft	Seite 112
#27	Ruhrpott-Blues	Seite 116
#28	Perspektivwechsel	Seite 120
#29	Aus Müll mach Park	Seite 124
#30	Der Zeit auf der Spur	Seite 128
#31	Freiheit fühlen	Seite 132
#32	Auf in den Strudel!	Seite 136
#33	Insel(er)leben	Seite 140
#34	Natur trifft Mensch	Seite 144
#35	Im Rausch der Farben	Seite 148
#36	Seen sammeln	Seite 152
#37	Ein-Tages-Urlaub	Seite 156
#38	Blaumachen	Seite 160
#39	Rheinromantik	Seite 164
#40	Kunst und Pilze	Seite 168

BLÜHENDE LANDSCHAFTEN

 ... in Olef- und Jansbachtal

#21

Wenn nicht gerade etwas Schnee die Stadt pudrig überzieht, mag selbst der größte Winterliebhaber das Grau in Grau irgendwann nicht mehr sehen. Und freut sich auf den Farbenrausch, der ihn im Frühling im deutsch-belgischen Eifelraum erwartet.

#schöngelbhier #hastdudenFarbfilmvergessen #Hochsitzpicknick #wildeNarzissen

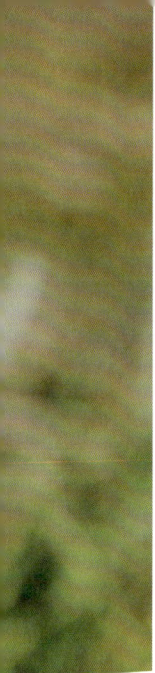

Sie machen froh und sind erste Frühlingsboten: die Narzissen in Hellenthal.

Jedes Jahr im Frühling verwandeln sich die Wiesen in Olef- und Jansbachtal in gelbe Blütenteppiche – Narzissenzeit in der Eifel. Die Rede ist nicht von der Osterglocke, sondern von Wildnarzissen. Diese deutlich kleineren, etwas blasseren Exemplare kommen in Deutschland heute nur noch im Hunsrück und eben im Nationalpark Eifel vor.

Tausende gelbe Farbkleckse sprenkeln die Wiesen an den Bächen – allerdings nur während weniger Frühlingswochen, von etwa Ende März bis Anfang Mai. Die Wildblumen dürfen übrigens nicht gepflückt werden, so verlockend es auch ist: Sie stehen unter Naturschutz. Los geht's am Wanderparkplatz Hollerather Knie, wo auch geführte Wanderungen starten (Infos zu den Narzissen und zu geführten Touren: www.nationalpark-eifel.de). Zwei Rundwanderwege beginnen hier, das Logo ist die Narzisse. Der eine Weg ist rot markiert und sieben Kilometer lang, der andere gelb und knapp zwei Kilometer kürzer. Vor der Blütenpracht steht die Begegnung mit der Vergangenheit: Steinernen Höckern gleich erinnern gewaltige Panzersperren am Waldrand an den einstigen Westwall. Mehr als 600 Kilometer war er lang, von der niederländischen bis zur Schweizer Grenze. Heute sind noch wenige Kilometer erhalten. Der Wald, der hier so licht und son-

nendurchdrungen ist, war Schauplatz einer verlustreichen Schlacht: Am frühen Morgen des 16. Dezember 1944 begann hier die deutsche Ardennenoffensive. Deutsche und US-Truppen trafen aufeinander, woran zwei Gedenksteine erinnern. Leicht bergauf und bergab führt der Weg nun zu den Narzissenwiesen, vorbei an diversen Hochsitzen – in der Gegend muss es viel Wild geben. Was die Förster wohl dazu

sagen würden, dass es sich auf den hölzernen Stelzenhäuschen prima picknicken lässt?

Irgendwann verkündet ein Schild mit Narzissenlogo (die Blüte ist hier weiß dargestellt): »Royaume de Belgique«, das Königreich Belgien ist erreicht. Die Belgier und die Deutschen teilen sich hier Eifel, Nationalpark und Narzissen. Endlich führt eine Treppe hinab ins

Hin & Weg: mit der Bahn auf der Strecke Köln–Trier bis Kall, vom Bahnhof mit der Bus-Linie 829 bis Hellenthal, von dort mit Taxibus-Linie 839 bis Haltestelle Hollerath Zollstelle, auf die Rückfahrzeiten achten, fährt nicht sonntags; sonst mit dem Auto über die B266 nach Schleiden, von dort auf der B265 über Hellenthal nach Hollerath und weiter zum Parkplatz Hollerather Knie.

Beste Zeit: Für die Narzissen Ende März/Anfang April bis Anfang Mai. Wichtig: In der Nähe des

belgischen Truppenübungsplatzes Elsenborn auf das Schild mit den Zugangszeiten der Sperrzonen achten oder vorher online schauen: mil.be/nl/eenheden/kamp-elsenborn

Dauer: Je nach Länge der gewählten Wanderung 3–4 Std.; knapp 200 Höhenmeter.

Ausrüstung: Feste Schuhe, etwas zu trinken, ein Picknick für den Hochsitz; Kamera nicht vergessen!

Die Narzissen blühten noch nicht, als sich hier deutsche und US-Soldaten 1944 in der Ardennenoffensive gegen-
überstanden, es lag Schnee und war bitterkalt.

Bachtal – und hier wird es ganz postkarten-
kitschig: Der Bachlauf glitzert im Sonnenlicht,
ein Holzsteg führt hinüber auf die andere
Seite, und die Narzissenköpfchen schaukeln
kleinen Sternen gleich auf den sanft gewell-
ten Wiesen sacht im Wind. Tausende. Und das
Schöne ist: Selbst wenn die Narzissenblüte
vorüber ist, blüht hier Bärwurz in Mengen.
Die buschige, weiß blühende Pflanze riecht
würzig und kräftig und auch sie ist nicht zu
übersehen. Seltener ist die tiefblaue Schwar-
ze Teufelskralle, die von den Bienen umwor-

ben wird. Zeitgleich mit den Osterglöckchen
blühen Wildanemonen und Lungenkraut, Letzteres rotviolett bis blau. Kein Wunder, wenn
der Wanderer hier dem Farbenrausch erliegt.
Nach all dem Wintergrau.

**FAZIT: GELB, GELBER, NARZISSE. NACH
EINER KURZEN WANDERUNG BEWEIST DIE
WILDE NARZISSE: DEN FRÜHLING GIBT ES
WIRKLICH. EIN LICHTBLICK NACH EINEM
LANGEN WINTER.**

BARFUß!

⇒ ... in der weiten Wahner Heide ⇐

#22

Eine tausendjährige Eiche, Natur so weit das Auge reicht, Barfußlaufen im Sand – und das alles direkt um die Ecke. Kaum zu glauben? Na gut, die tausendjährige Eiche macht sich vielleicht älter als sie eigentlich ist, doch das Naturschutzgebiet Wahner Heide bleibt so oder so ein einmaliges Erlebnis im Grünen.

#Heidemarie #Naturwahn #Füßelüften #alteEiche #Farbenrausch

Vor allem anderen muss doch erst mal diesem Gerücht um die tausendjährige Eiche auf die Spur gegangen werden! Klar, Bäume können uralt werden, aber tausend Jahre? Die Boxhoner Eiche ist sogar ausgeschildert und auf dem Plan des Naturschutzgebiets Wahner Heide verzeichnet. Trotzdem übersieht man sie leicht. In dem Fall einfach andere Wanderer fragen, denn: ihr Ruf eilt ihr voraus. Etwas unspektakulär kommt sie dann daher, wie sie dort hinter einem Zaun steht, und dennoch, alt sieht sie auf jeden Fall aus.

Schon 1930 wurde dem Uraltbaum besondere Beachtung geschenkt und man versuchte ihn mit Beton zu stützen. Der Beton brach heraus, doch die Boxhoner Eiche hält sich wacker. Nun soll sie in Würde sterben ... doch allem Alter zum Trotz trägt sie weiter jedes Jahr tiefgrüne Blätter!

Die Wahner Heide hat noch viel mehr zu bieten. Es ist das artenreichste Naturschutzgebiet in NRW. Also schnell zu einem Aussichtspunkt, davon gibt es hier einige. Wunderschön weit kann man hier schauen, von Stadtlärm oder Industrie überhaupt keine Spur. Heidemoore, Bruchwälder, Dünenlandschaften, Tümpel und Teiche, Bächlein und ganze 700 gefährdete Tier- und Pflanzenarten. So sind zum Beispiel auch Wildschweine hier heimisch. Die Tiere haben ja teilweise ein Imageproblem. Doch zu Unrecht! Sie sind eine Schlüsselart im Ökosystem und verhelfen mit ihrer Wühltätigkeit vielen Pflanzen zu wertvollem Rohboden.

Zu jeder Jahreszeit blüht in der Wahner Heide ein anderes Kraut, im Sommer färben sich die Büsche gelb und der Herbst ist die Zeit des Heidekrauts. Das lässt die Landschaft in kräftigem Lila leuchten.

Farbenfreude! Im Sommer trägt die Heide gelb, im Herbst setzt sie auf Lila.

Und auch historisch gesehen scheint die Wahner Heide ein interessanter Ort gewesen zu sein. Neandertaler siedelten hier, und hinterließen 60 000 Jahre alte Spuren. Ein internationales Forscherteam untersucht die Gegend um den Ravensberg, ihre ältesten Funde sind fast 300 000 Jahre alt!

Nun geht es runter vom Aussichtspunkt, mitten rein in die Heide, ziellos durch die Wiesen streifen. Plötzlich wird der Boden ganz weich und sandig. Da bleibt nur ein Gedanke: Endlich mal die Füße lüften! Warmen Sand spüren, ein kleines Picknick im Schatten einlegen. Oder einfach das Handtuch auspacken und sich ein wenig brutzeln lassen, wenn gerade die Sonne scheint. Hier lässt sich wirklich ein ganzer Tag im Grünen verbringen, kaum zu glauben, dass die Stadt so nah ist.

Tipp: An jedem ersten Sonntag im Monat gibt es hier übrigens eine kostenlose dreistündige Exkursion, immer um 14 Uhr ab dem Infozentrum Wahner Heide (Infos unter www.wahner-heide.net, hier findet man auch weitere Karten für Rundwanderwerge in der Heide).

FAZIT: EIN PARADIES FÜR GEFÄHRDETE TIERE UND PFLANZEN — UND GROBSTADT-MÜDE MENSCHEN!

Hin & Weg: Von Troisdorf den Bus 506 bis Altenrath Mitte nehmen; zurück vom S-Bahnhof Spich mit der S12.

Beste Zeit: Das ganze Jahr über, aber im Winter vielleicht lieber nicht barfuß laufen ...

Dauer & Strecke: 5 Std. und 11,5 km zu Fuß.

Ausrüstung: Feste Schuhe, viel zu trinken, Decke oder Handtuch, eine kleine Stärkung für zwischendurch.

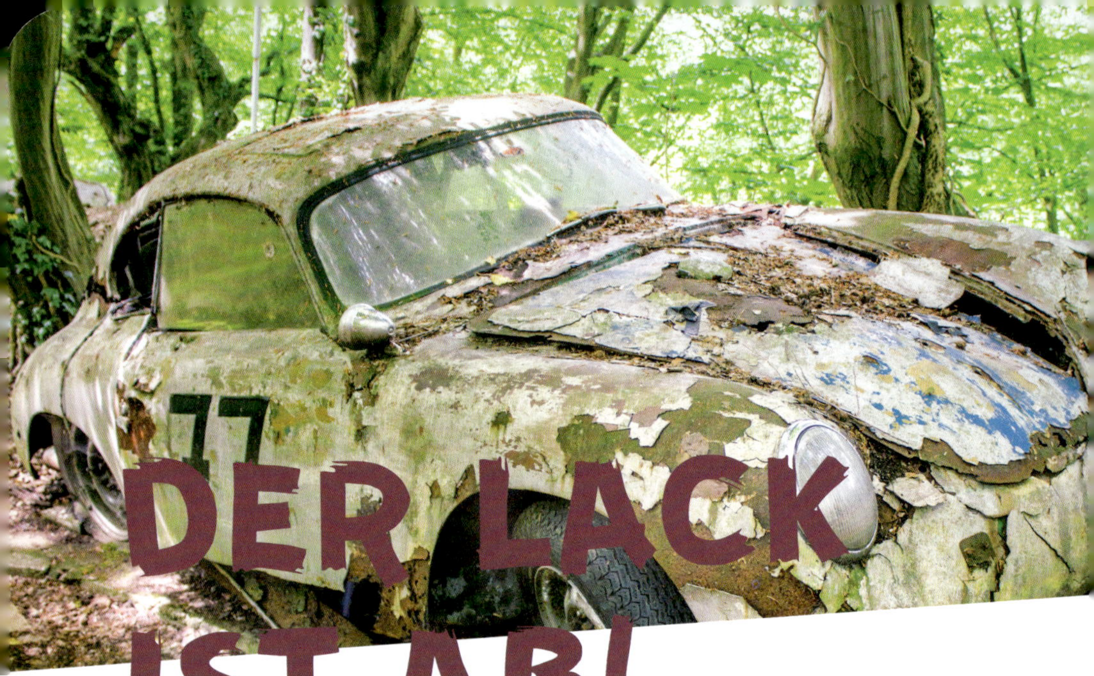

DER LACK IST AB!

... unterwegs im Neandertal

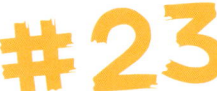

#23

Als Fundort des Neandertalers wurde das waldreiche Tal an der Düssel weltweit bekannt: 16 mehr als 40 000 Jahre alten Knochenteilen verdankt es seine Bekanntheit. Doch dass man hier in einem verwunschenen Märchenwald auch Oldtimer im Wert von einst mehreren Millionen Euro findet, denen die Natur peu à peu den Garaus macht, wissen nur wenige.

#oldiesbutgoldies #Jäger&Sammler #Picknick #NeandertalKunstweg #Fotogenuss

Auf dem Friedhof der Fünfziger verrotten die Oldtimer, ganz so, wie ihr Besitzer es sich gewünscht hat.

Der rostende Feuerwehrwagen mit dem Michelinmännchen auf dem Dach kündigt das Abenteuer an. Flugs am Tor geklingelt, man muss angemeldet sein. Der Hausherr, Lebemann, Rennfahrer und Autohausbesitzer Michael Fröhlich, öffnet und klärt kurz die Finanzen: Fotografieren kostet 20 Euro. »Schau'n Sie sich um.«

Urplötzlich breitet sich Stille aus. Denn ein Märchenwald aus Flechten, Lianen, Efeu und Moos umfängt den staunenden Gast. Dazwischen liegen wie gestrandete Käfer Oldtimer, die Fröhlich am Hang seines 20 000 Quadratmeter großen Waldgrundstücks im Neandertal verrotten lässt. Wo anderswo der Lack gehegt und gepflegt, vor Regen geschützt und immer wieder liebevoll poliert wird, tut er das Gegenteil, lässt seine Lieblingsstücke von der Natur küssen, Rost ist willkommen. Wieso? Zu seinem Fünfzigsten im Jahr 2000 schenkte er sich selbst 50 Oldtimer Baujahr 1950 und parkte sie hier möglichst spektakulär zwischen den Bäumen.

Es scheint, als hätte ein Riese die teuren Automobile über seine Spielwiese verstreut. Wer zwischen den Autos bergauf, bergab steigt, staunt, wie weit die Natur sich schon in die Wagen gefressen hat. Der Lack ist sprö-

de, aufgeplatzt, Laub überall. Platte Reifen, aufgerissene Sitzbänke, blinde Scheiben ... Feine Spinnennetze fangen ein Lenkrad ein. Schnecken hinterlassen ihre Spuren auf abblätternden Kotflügeln. Auf diesem *lost place* sind alle gleich, vom Deutz-Traktor über den VW Käfer bis zum Renn-Porsche und einem heute 150 000 Euro schweren Jaguar XK 120. Während das mächtige Blätterdach den Besucher vor der Sonne schützt, wurde die Natur den Oldies zum Bestatter. Auch wenn Fröhlich nachgeholfen, zumindest aber arrangierend eingegriffen hat. Kunst oder Natur? Egal, letztlich holt sich die Natur alles zurück.

Was wohl der Neandertaler zu diesem Auto-Skulpturenpark und dem Wirken der Natur gesagt hätte? Der Blick der Statue am gleichnamigen Museum ein paar hundert Meter weiter verrät nichts. Man schätzt die Knochen des Urmenschen auf etwa 42 000 Jahre. Er hatte noch etliche Nachkommen, doch vor 30 000 Jahren war Schluss mit den Neandertalern. Warum? Dazu gibt es viele Theorien.

Hin & Weg: RE1, 5 oder 6 bis Düsseldorf Hbf, dann S28 (Richtung Mettmann) bis Neandertal. Vom Bahnhof sind es ca. 15 Gehminuten, insgesamt ca. 50–60 Min.

Beste Zeit: Frühjahr–Herbst. Infos gibt's unter www.michaelfroehlich.com/park.htm, www.neanderthal.de/de/kunstweg.html, www.facebook.com/NeandertalN1

Dauer: Je nach Länge der anschließenden Wanderung 6–8 Std.

Ausrüstung: Feste Schuhe (Sneakers oder leichte Wanderschuhe), fürs bessere Befinden ein gefüllter Picknickkorb.

Ein Ausflug mit hohem Spaßfaktor, egal, ob bei den Oldtimern oder den noch älteren »Oldies«, die auf mehr als 40 000 Jahre zurückblicken ...

Szenenwechsel: Neugierde und ein Abstecher entlang der Düssel entführen in die hohen, lichten Räume des charmanten Ausflugslokals Neandertal No. 1, das gegen ein Pfand auch Picknickkörbe verleiht.

Wer jetzt wieder Puste hat, kann noch beliebig lange wandern – auf dem 1200 Meter langen Kunstweg »MenschenSpuren« etwa, der erneut zum Thema des Tages führt: Vergänglichkeit und Natur. Zehn im Wald verteilte

Skulpturen sind zu sehen bzw. das, was noch von ihnen übrig ist. Landschaft und Kunstwerk verwachsen miteinander und formen je nach Jahreszeit ein ganz anderes Bild.

ÜBER DIE WUPPER GEHEN

... oder Wandern im Bergischen

#24

Es geht über die Wupper – und das gleich mehrmals. Nach dem Abstieg von Schloss Burg führt die Wanderung durch ein wildromantisches Tal zum Müngstener Brückenpark. Absolutes Highlight hier ist die gleichnamige Brücke. Wer sie sieht, versteht, warum die Stadtväter sich um einen Welterbestatus bemühen.

Wie kann eine Burg zugleich Schloss heißen? Diese Frage drängt sich bei Schloss Burg auf. Ganz einfach: Es handelt sich um ein Schloss in einer Burg. Auf den Schlosshof führt das Grabentor, das einst für Eroberer die erste Hürde bedeutete, mussten sie doch den Schlossgraben vor dem Tor überwinden. Massive Mauern, Torbögen und schmale Gassen, Kern- und Vorburg des Ende des 19. Jahrhunderts wieder aufgebauten Schlosses geben eine Idee davon, wie es hier zur Blütezeit der Grafen von Berg ausgesehen haben mag.

Die Seilbahn gab es damals natürlich noch nicht. »Ein Erlebnis«, verspricht das Retroplakat aus den Fünfzigern, das für die erste Personenseilbahn NRWs wirbt. Vorbei am Harnisch einer Ritterrüstung düst man 91 Höhenmeter hinab ins Tal der Wupper. Wer auf eine Bergi-

sche Kaffeetafel einkehren mag, ist im Unterdorf mit seiner Fachwerkidylle gerade richtig.

Der Wanderweg A2 führt nun direkt zur Wupper und an ihr entlang. An einem ehemaligen Kotten (Schleiferwerkstatt), der Gartenwirtschaft Wiesenkotten, geht es über die Wupper. Dieser Ausdruck bezieht sich übrigens makabrerweise auf den Todestrakt des Wuppertaler Gefängnisses ... Empfindliche Seelen werden nun aber mit einem wildromantischen Weg besänftigt. Der Pfad führt weiter durchs Wupper-Tal – es wird schmaler, die Felsen am Wegesrand werden höher. Wenig später ist das Wunderwerk der Technik erreicht, das auch heute noch jeden Besucher fesselt: die Müngstener Brücke, die bis heute höchste Eisenbahnbrücke Deutschlands. 465 Meter ist sie lang und führt in luftiger Höhe von 107 Me-

»Frühling lässt sein blaues Band wieder flattern durch die Lüfte« ... Schöner als einst Möricke kann man es nicht ausdrücken!

tern über den Fluss. Ach, muss es schön sein, von dort oben in die bergische Märchenlandschaft zu blicken. Die S7 macht diesen Spaß heute möglich; sie fährt unter dem Namen Müngstener von Wuppertal nach Solingen. Der Verpackungskünstler Christo übrigens soll abgelehnt haben, die Stahlbrücke mit einem rostfarbenen Tuch zu verhüllen. Er mache nie etwas zweimal, meinte er in Anspielung an die von ihm verpackte Pariser Pont-Neuf. Dann halt nicht! Er weiß ja nicht, was ihm entgeht.

Die Wupper-Brücke spannt sich elegant über die weitläufige Auenlandschaft mit dem Müngstener Brückenpark. Dieser entstand im Rahmen der Regionale 2006 mit dem Ziel, mehr Besucher in die Region zu locken. Gastronomie, Besucherzentrum und Minigolfplatz, Wiesen und Liegen am Wasser und die Schwebefähre, das absolute Highlight, sind bei schönem Wetter gut besucht. Für 50 Cent gondelt der Fährmann seine Gäste in drei Me-

tern Höhe über die Wupper. Am anderen Ufer rechts halten: Gut eineinhalb nicht unanstrengende Kilometer führen bergauf zum Bahnhof Schaberg – von hier fährt der Müngstener über die Brücke in Richtung Wuppertal. Dieses Mal fährt man also über die Wupper – und zwar mit einem traumhaften Ausblick auf das weitläufige Tal und die Waldlandschaft.

FAZIT: TOUR DER SCHÖNEN AUSBLICKE KÖNNTE DIESE MITTELSCHWERE WANDERUNG AUCH HEISSEN. IM VORDERGRUND STEHT DABEI IMMER DIE WUPPER – AUCH WENN DIE MÜNGSTENER BRÜCKE WIEDERHOLT VERSUCHT, IHR DIE SCHAU ZU STEHLEN.

Hin & Weg: Ab Wiener Platz in Köln Bus 260 bis Wermelskirchen, dann Bus 266 bis Haltestelle Solingen Burg Schloss, insgesamt ca. 90 Min.; zurück mit S7 bis Solingen Hbf, dann mit RB zum Kölner Hbf, ca. 45 Min.

Beste Zeit: Frühjahr–Herbst, nicht nach regnerischem Wetter. Infos gibt's unter www.schlossburg.de, brueckenpark-muengsten.de

Dauer & Strecke: Die Wanderung dauert ohne große Pausen ca. 2–2,5 Std. bei ca. 6 km bis Brückenpark, ca. 1,5 km bis Schaberg und 180 Höhenmetern. Mit Zwischenstopps und Pausen lässt sich der Ausflug locker auf 6–8 Std. ausdehnen.

Ausrüstung: Wanderschuhe (Trittsicherheit ist erforderlich). Ggf. Mountainbike!

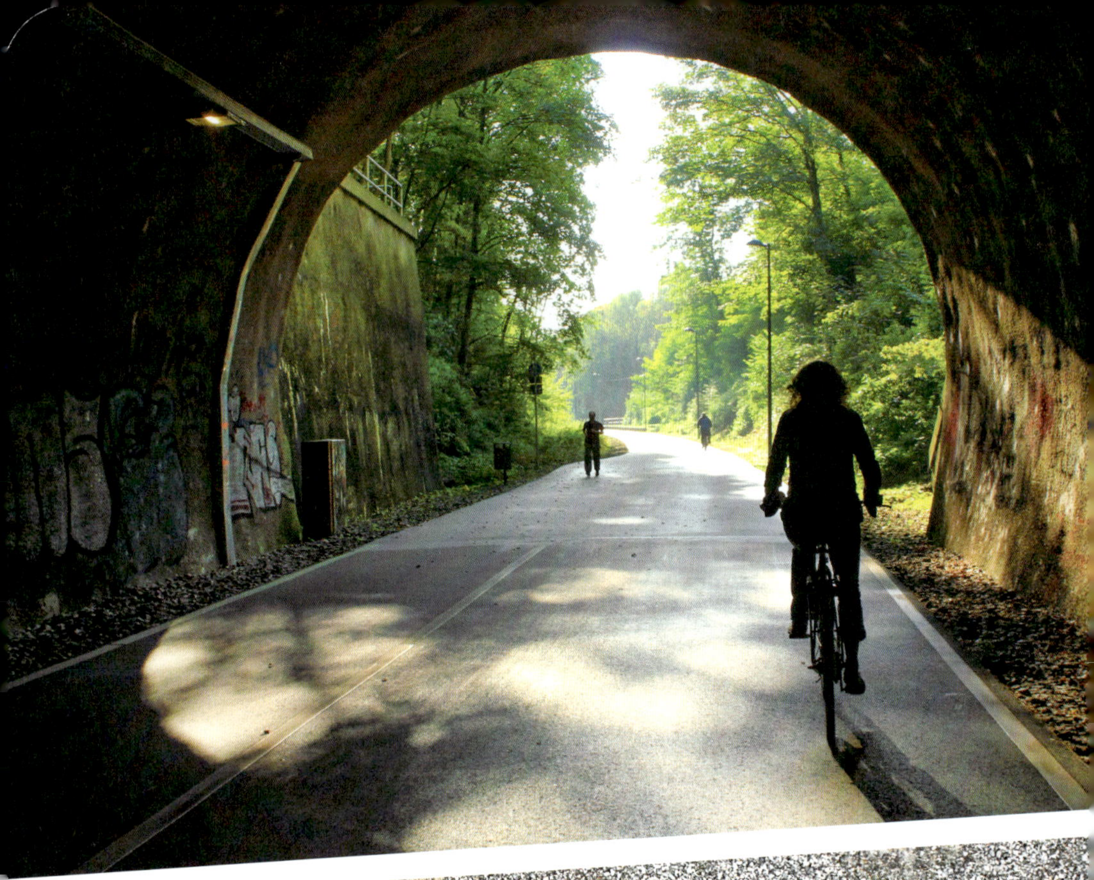

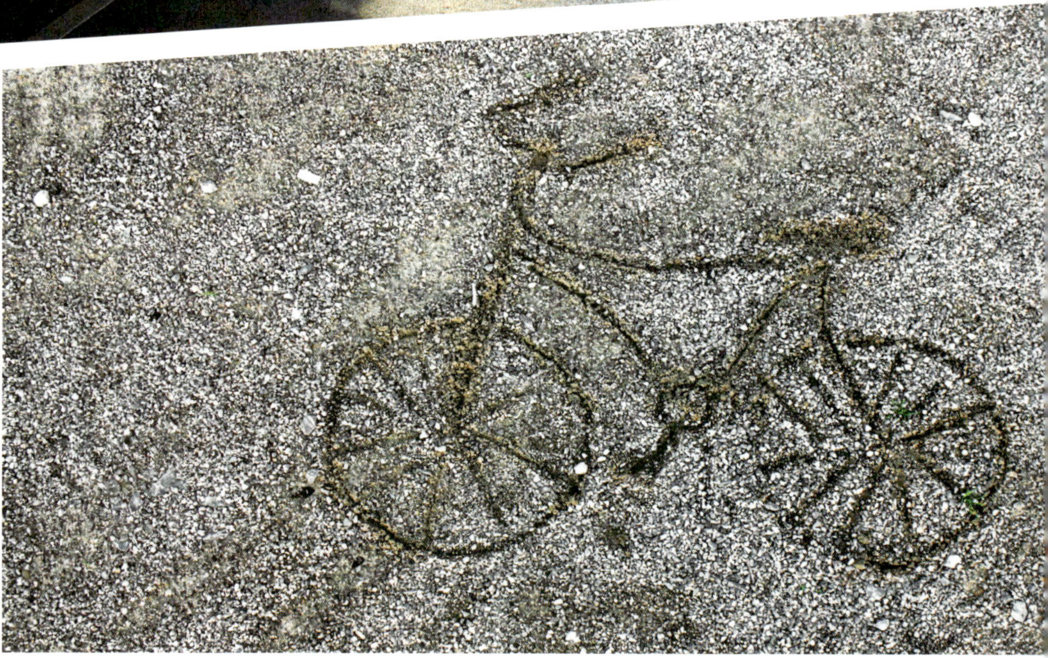

»BITTE AUFSTEIGEN, ABFAHRT!«

... auf der Wuppertaler Nordbahntrasse

#25

Utopie? Das existiert nur in den Köpfen? Nein, es existiert in vielen Orten, es existiert in Wuppertal. Wo einst eine Bahn scheppernd fuhr, ist heute ein Radweg. Glückliche Fahrradfahrer, Inlineskater und viele andere kommen von überall her. Und ehemalige Mülldeponien werden zu blühenden Heidelandschaften.

Der Mirker Bahnhof macht es anders! In Utopia setzt man auf Miteinander. Foodsharing, ein Fahrradverleih auf Spendenbasis und Ehrenamtler machen es vor.

Stillgelegte Bahntrassen für Fahrradwege nutzen? Die Idee ist simpel, aber genial! Das erlebt auch die Stadt Wuppertal. Den Menschen bietet die Nordbahntrasse einen 23 Kilometer langen Fuß-, Rad- und Skateweg als autofreie Verbindung von Ballungszentren wie Vohwinkel und Barmen. Und vor allem eines: ganz viele Möglichkeiten fürs Draußensein.

Denn die Trasse hat so einiges angezogen: eine Draisinenbahn, Basketballplätze, Skateparks; und die Bahnhöfe wurden zu Biergärten. So zum Beispiel das Utopia, ein Kulturzentrum im Bahnhof Mirke. Hier gibt es Kultur, Wissen, Kunst, Politik, Bierchen, Raum – und Fahrräder! Engagierte Schrauber und gespendete Fahrräder ermöglichen, dass man sich hier bis zum Abend ein Fahrrad leihen kann. So lange der Vorrat reicht. Auch mit der Kulisse der Nordbahntrasse kennt man sich hier aus. »Natur?« – »Links!« Also ab auf den Drahtesel und nach links radeln, Tunnel durchqueren, durch die von 1879 bis 1999 Züge zischten.

2006 kam dann die Wuppertalbewegung. Der Verein initiierte die Umnutzung der Trasse. Der Wegesrand lädt immer wieder zum Anhalten ein, dabei könnte man hier wirklich mal

---

Hin & Weg: Vom Hbf Wuppertal zu Fuß oder mit dem Bus 625 zum Mirker Bahnhof.

Beste Zeit: April–Oktober.

Dauer & Strecke: Ca. 5 Std., 13,5 km.

Ausrüstung: Alles, was Rollen hat, kann mitgebracht werden. Wer ein Rad leihen will: www.clownfisch.eu/utopia-stadt

---

Die Gegend um die Norbahntrasse lädt zu Päuschen ein, mit schönen Aussichten über die Wuppertaler Hügel- oder Heidelandschaft.

Gas geben. Keine große Steigung, fast keine Kreuzungen. Ab geht die Post! Bald sieht man nur noch grün, braun, gelb, rot, grün, grün, braun, grün ... da ist auch schon das Ende der Trasse erreicht. Also wieder zurück und die andere Hälfte, rechts vom Bahnhof Mirke, erkunden. Dort warten Ausblicke auf die Stadt, noch mehr Tunnel und Brücken. Oder sich diesmal etwas mehr Zeit lassen auf dem Rückweg zum Bahnhof Mirke?

Da fällt einem auf, dass kleine Wege von der Bahntrasse ins Dickicht führen. Folgt man ihnen, wird es sportlich, es geht bergauf! Das Fahrrad anschließen oder hochschieben! Der Kraftakt lohnt sich. Ein wunderschöner Ausblick über das waldige Wuppertal. Eine Hügellandschaft aus Moos, Kies und Gräsern. Die Heidelandschaft ist auf einer ehemaligen Mülldeponie gewachsen. Auf Bergen aus Müll wächst und gedeiht, blüht und summt es heute. Das klingt nach? Genau, Utopie.

FAZIT: EIN WUNDERSCHÖNER UND HOFFNUNGSSPENDENDER TAG, DA KOMMT MAN GERNE IMMER WIEDER UND FÜHLT SICH WIE ZUHAUSE.

SAGENHAFT

⇒ ... eine Wanderung um den Drachenfels ⇐

#26

Im Siebengebirge kämpft man heute eher mit Touristen als mit Drachen. Ein Besuch des Drachenfelses lohnt sich dennoch allemal! Einfach mal ein paar Umwege einlegen und schon erlebt man ihn ganz anders. Inmitten herrlicher Natur, tief im Wald und mit großartigen Ausblicken auf den Rhein und das Umland.

Die Bewohner des Rheinlandes zitterten und opferten ihre Jungfrauen, jahrelang, dann endlich kam Siegfried. Er erlegte den bösen Drachen, badete in seinem Blut und wurde unsterblich. Jedenfalls fast ...

Das Nibelungenlied wurde von der Unesco zum Weltdokumentenerbe erklärt. Es inspirierte viele Filme, Poesie, Musik und Deutschlehrer. Und auch ein Fels im Siebengebirge wurde ganz von dem Epos vereinnahmt. Denn genau hier war der Tatort! Woher man das weiß? – Man weiß es eben, und die Geschichte verkauft sich gut. Von nah und fern strömen die Besucher auf den angeblich meist bestiegenen Berg Europas. Und die Superlative gehen noch weiter; die älteste Zahnradbahn Deutschlands fährt bis ganz nach oben. Einen Zwischenstopp macht sie bei Schloss Drachenburg und der Nibelungenhalle. Das

Gebäude mit der schönen Kuppel beherbergt ein Museum, einen großen Steindrachen und einen Reptilienzoo.

Allen, die noch gut zu Fuß unterwegs sind, sei aber geraten den Berg auf eigene Faust zu erklimmen. Ein gepflasterter Weg führt hier bis ganz nach oben, die Drachenfelsstraße. Wer ihr folgt, vorbei an Weinreben und Feldern bis in den Wald, den locken Trampelpfade. Warum nicht einfach mal die Kinderwagen schiebenden und aufgeregt rufenden Eltern verlassen, über unbekannte Pfade stolpern und eine kleine Pause im Grünen einlegen – denn wie schon Tucholsky sagte: »Umwege erweitern die Ortskenntnis!«

Dann heißt es auf dem Plateau bei der Ruine vorbeischauen. Hier oben ist der Blick atemberaubend, weit Richtung Süden auf Bad Hon-

Aussichten für jeden Geschmack. Es geht auch gemütlich: beim Museumsbesuch mit der Zahnradbahn.

nef und Richtung Norden auf Königswinter und Bonn. Wieder runter vom Plateau geht es nun zum Milchhäuschen. Eine Institution und alles andere als ein Geheimtipp, aber dennoch sehr schön und nur zu Fuß zu erreichen. Nach einer Stärkung geht's über den Südhang des Remscheid und hoch hinauf auf den Petersberg. Von hier oben hat schon Queen Elizabeth II. den Ausblick genossen. Erfrischt geht es wieder hinab durch das Nachtigallental und zurück zum Bahnhof Königswinter.

Hin & Weg: Mit der RB nach Königswinter.

Beste Zeit: Das ganze Jahr über schön.

Dauer & Strecke: Ca. 5 Std. bei gemütlichem Schritt und ein paar Päuschen, 10 km zu Fuß.

Ausrüstung: Feste Schuhe, viel zu trinken, ggf. eine Wanderkarte.

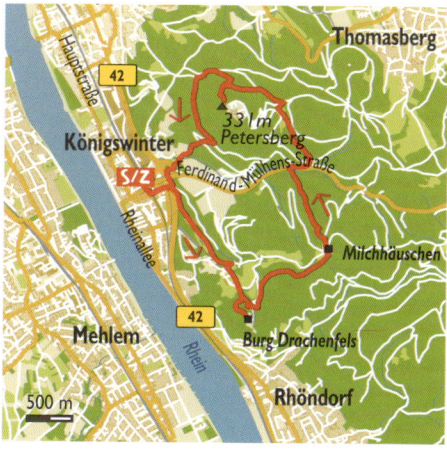

RUHRPOTT-BLUES

⋛ … eine Radtour im Pott bei Duisburg ⋚

#27

Das Ruhrgebiet ist tot, es lebe das Ruhrgebiet! Seine Industriekulisse allein ist schon atem(be)raubend. Doch damit nicht genug: Schwimmen im Welterbe auf Zollstock, Hip-Hop-Festival vorm Hochofen, Tauchen und Klettern auf Meiderich, begehbare Halden-Achterbahn im Süden Duisburgs – das Ruhrgebiet lebt!

Wer hätte gedacht, dass die Halden-
landschaft so romantisch sein kann?

→ AUSFLÜGE...

1901 ließ August Thyssen in der vormals länd-
lichen Idylle im Duisburger Norden eine Stahl-
hütte bauen. Als die Anlage 1985 dichtmach-
te, blieb eine Industriebrache von 200 Hektar
zurück. Heute heißt es hier: Nature is back!
Langsam aber sicher holt sich die Natur das
alte Hüttenwerk Meiderich zurück. Wildwuchs
ist erlaubt, ja erwünscht.

Eine Bürgerinitiative verhinderte den geplan-
ten Abriss – der Landschaftspark Duisburg-
Nord war geboren. Ein Wunderwerk mit
begehbarem Hochofen. Tauchspot im Gaso-
meter. Klettergarten am Bunkersteg. Hoch-
seilparcours in der Gießhalle. (Ur-)Wäldchen.
30 Kilometer Rad-, Spazier- und Wanderwege.
Biergarten und Restaurant. Lichtinstallation

am Abend, die längst ein Wahrzeichen Duisburgs ist.

Bei einer von zwei Radstationen können Besucher das Rad fünf Tage im Voraus reservieren,
im Landschaftspark abholen und an einer anderen Station zurückgeben. Genial. Wer sich
von Meiderich losreißen kann – nicht ohne die
Eisentreppen des Hochofens erklommen zu
haben, von dem sich das Werk in seiner gesamten Ausdehnung ermessen lässt –, radelt
über den Emscher-Park-Radweg gen Süden
Richtung Duisburg. Am Rhein-Herne-Kanal
knickt die Route nach rechts ab und führt an
Kanal und Ruhr entlang als Ruhrtal-Radweg
weiter. Immer mit Blick auf den Duisburger Hafen, dessen Imagewandel augenscheinlich ist.

Gleißend leuchtet das »Rheinorange«, wo die Ruhr in den Rhein mündet: Die sieben Meter hohe Großskulptur ist eine Landmarke. Aus Stahl, versteht sich. Über die Rheinbrücke der A40 geht es auf die linke Rheinseite und weiter gen Süden. Die Route führt über die Brücke der Solidarität zurück auf die rechte Seite und in den Rheinpark, ein weiteres Zeugnis für den gelungenen Strukturwandel des Ruhrgebiets: Die ehemalige Industriefläche ist heute großzügige Rheinpromenade, von wo man den Binnenschiffern bei der Arbeit zusehen kann. Geht es am Rhein nicht mehr weiter, in Richtung Wanheim-Angerhausen abbiegen.

Und dann schraubt sie sich plötzlich vor einem in die Luft: die begehbare Achterbahn Tiger & Turtle. 20 Meter hoch thront sie weithin

Hin & Weg: Ab Duisburg Hbf die Stadbahn-Linie 903 nehmen, bis Haltestelle Landschaftspark Nord, dann 10 Gehminuten. Fahrräder unter www.revierrad.de

Beste Zeit: Ganzjährig; mehrmals im Jahr (z. B. Mai, Oktober) gibt's Street Food Festivals. Infos unter www.landschaftspark.de und www.duisburg.de

Dauer & Strecke: Radtour vom Landschaftspark Nord über Tiger & Turtle zurück nach Duisburg Hbf (das Rad kann dort abgegeben werden) ca. 34 km und (ohne Pausen) ca. 2,5 Std. Je nach Länge der Hüttenbesichtigung und der Zwischenstopps 6–8 Std. Der Anstieg zum Magic Mountain ist nicht ohne und dauert ca. 15 Min.

Ausrüstung: Fahrradkarte, Helm, Wasserflasche, ggf. Kletterausrüstung (der Kletterpark ist nur nach Anmeldung beim Deutschen Alpenverein vor Ort zu betreten); Kamera nicht vergessen!

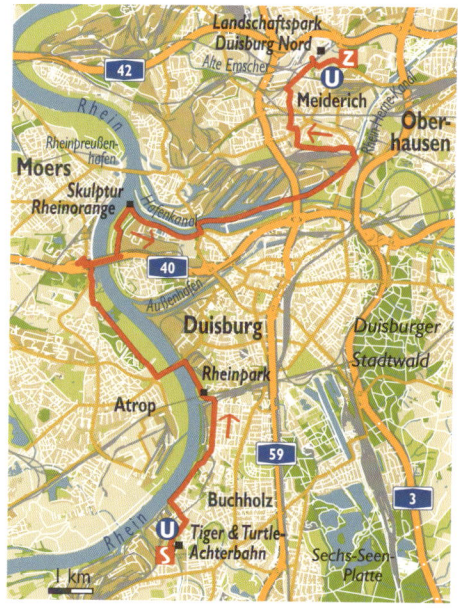

Aktiv sein vor Ruhrpott-Kulisse! Imagewechsel ist angesagt.

sichtbar auf einer ehemaligen Industriehalde. Magic Mountain, passender könnte der Name nicht sein. Und nun beginnt der Spaß – für alle, die keine Höhenangst kennen. Durch 349 Gitterroste auf einer Strecke von 220 Metern fällt der Blick in die Tiefe, auf die Hüttenwerke, auf aktive Hochöfen, ein riesiges Logistikzentrum, aber auch auf dichte Wälder. Besonders schön ist der Aufstieg bei Sonnenuntergang, wenn sich die Kurven der Skulptur und die Menschen auf ihr wie dunkle Scherenschnitte vor dem Himmel abzeichnen. In den letzten Sonnenstrahlen des Tages hat selbst der Hochofen etwas Romantisches ...

FAZIT: SCHÖNER ALS HIER BEGEGNET EINEM INDUSTRIEKULTUR NIMMER.

PERSPEKTIV-WECHSEL

≥ ... in der WoodArt Gallery in Krefeld-Hüls ≤

#28 *Vor dem Kunstgenuss heißt es Strampeln: Mit dem Rad geht es durch Stadtwald und Naturschutzgebiet zur WoodArt Gallery. Hier wartet ein mehrere hundert Meter langer Street-Art-Pfad darauf, entdeckt zu werden. Im wahrsten Sinne des Wortes, denn die Natur setzt alles daran, die Kunstwerke zu beseitigen.*

#KunstimWald #3DBilderbuch #machmalneWelle #Kopfweidenidyll

Die Natur wird zur Bühne für Kunstobjekte ... und macht sie sich zu eigen, letztlich.

Los geht's: in nördlicher Richtung raus aus Kerpen und dann durch die weite Niederrheinlandschaft mit ihren Raps- und Getreidefeldern und den von Kopfweiden gesäumten Wiesen. Stadtwaldweiher und Stadtwaldhaus mit Biergarten erst einmal rechts liegen lassen. Kurz die Niepkuhlen streifen und nach Westen zum Naturschutzgebiet Hülser Bruch abbiegen. Hier liegt mit 63 Metern die höchste natürliche Erhebung Krefelds, der Hülser Berg. Der gleichnamige Aussichtsturm ist noch höher – bei guter Sicht wartet oben ein Wahnsinnsblick auf Niederrhein und Ruhrgebiet.

Kurz darauf ist die WoodArt Gallery erreicht, die opulent schon am Straßenrand auf sich aufmerksam macht: Eine gigantische Wespe sitzt auf einem Holzstapel. Den Turm schmückt ein 3D-Kunstwerk, flankiert von Wandmalereien. Unterschiedlicher könnten die Stile, Techniken und Motive auf den Mauern kaum sein. Ein meterhohes Bilderbuch erwartet den Betrachter: Da kommt ein ganzer Zoo aus der Wand spaziert. Nebenan lässt ein berührendes Kinderporträt an Street-Art aus den Townships denken. Dort drückt ein quietschbuntes grafisches Mural pure Lebenslust aus.

Verwunschen – willkommen im Märchenwald!

chen, Moosen und Flechten eine neue, mystische Welt entstanden.

Da spazieren Riesenameisen aus Kanalröhren, schweben malende Elfen durch den Wald, steht hinter Reben verborgen ein kleines Männlein im Wald – pinkelnd. Dann wieder eine Kanalröhre, die Illusion ist perfekt: Die »Welle« scheint aus der Betonröhre herauszuschwappen – nur das Surfbrett fehlt. Eine raffinierte optische Täuschung. Die richtige Perspektive ist entscheidend, um die verblüffenden 3D-Effekte zu realisieren.

Auf einer kleinen Lichtung springen die Beatles in ihrer *yellow submarine* den Betrachter förmlich an, knatschgelb, sehr präsent. John, Paul, George und Ringo grüßen von einer ehedem hässlichen Betonröhre. Andere Werke sind verblasst, sowie der spektakuläre 3D-Wasserfall. Rätselraten ist angesagt: Worum mag es sich bei den verblassenden Farbresten handeln?

Die schmalen Pfade sind überwuchert, der Kunstgang wird zum Suchspiel. Es ist fast, als wolle man Dornröschen befreien. Wer sich

Gegenüber, auf dem Gelände der ehemaligen Zementfabrik, das sich der Wald zurückerobert hat, muss man die Kunst richtig suchen. 20 Street-Art-Künstler aus aller Welt haben sich hier 2015 beim »Perspektivwechsel Krefeld« ausgetobt und Betonartefakte, Platten und Wege gestaltet. So ist zwischen Brombeerranken und Brennnesseln, Bäum-

Hin & Weg: RE7 bis Krefeld Hbf, ca. 50 Min.; dann mit dem Rad ca. 10–12 km zum Talring 45 (Umweltzentrum Krefeld); Mai–September fährt sonntags um die Ecke vom Umweltzentrum der Schluff (schluff-krefeld.de), eine historische Eisenbahn nach Krefeld-Nord, Räder können mitgenommen werden.

Beste Zeit: Frühjahr–Herbst, möglichst nicht nach längerer Regenperiode.

Dauer: Je nach Länge von Radtour und Kunstspaziergang 5–7 Std. Infos samt Lageplan gibt's unter facebook.com/woodartgallerykrefeld

Ausrüstung: Feste Schuhe und lange Hose wegen der Brombeerranken, Brennnesseln etc., ggf. Picknickkorb und -decke; Kamera nicht vergessen! Räder können auch an der Radstation Krefeld am Hauptbahnhof geliehen werden (Tel. 02151 361619, radstation@diakonie-krefeld-viersen.de, vorher anrufen oder eine Nachricht schicken).

später für die Rückfahrt stärken muss, picknickt schräg gegenüber vom Eingang.

Oder wartet bis zum Biergarten im Stadtwald und schaut zuvor bei den idyllischen Niepkuhlen vorbei (über Lousbilldyk), eine verlandete Altrheinrinne, die gemächlich durch das linke Niederrheingebiet über Vluyn bis zur Maas mäandert. Diesem Tempo möchte man sich anpassen!

FAZIT: ES MACHT RICHTIG LAUNE, HIER AUF KUNST-SCHNITZELJAGD ZU GEHEN. UND DIE RADTOUR DURCH DIE WEITE NIEDERRHEINISCHE LANDSCHAFT TRÄGT MIT JEDEM ZURÜCKGELEGTEN KILOMETER ZUR ENTSCHLEUNIGUNG BEI.

AUS MÜLL MACH PARK

>... im Neuland-Park in Leverkusen <

Wo ist denn hier der Müll? Die Antwort liegt tatsächlich unter der Oberfläche. Denn der Neuland-Park in Leverkusen ist auf einer ehemaligen Mülldeponie entstanden, aber von der ist nichts mehr zu sehen. Dafür gibt es Themengärten, futuristische Brücken, Skulpturen, Radwege, Spielplätze und und und.

Anregungen für den eigenen Garten finden, Skulpturen schauen... oder gleich selber zur Skultpur werden?

Einfach mal alleine los und sich eine Auszeit gönnen. Wer darauf Lust hat, nimmt den Zug nach Leverkusen und wandert vom Bahnhof los. Nach einem Stückchen Stadt folgt ein Radfahrparadies. Auf einer wackligen Hängebrücke überquert man den Fluss Dhünn, und schon ist man gefühlt weit weg von allem.

Und jetzt rein in den Neuland-Park. Direkt am Eingang lockt ein Café mit leckerem Eiskaffee. Davor steht ein niedlicher mobiler Büchertauschwagen. Wie wärs? Ein altes Buch zurücklassen und ein neues ausleihen?

Dann geht es auf Streifzug durch das Neuland. Kaum zu glauben, dass hier die Bayer AG bis Mitte des 19. Jahrhunderts eine Werksdeponie hatte. Unter der Oberfläche lagern also etwa drei Millionen Tonnen Müll! Man passiert verschiedene Spielplätze und Gärten, zum Beispiel den Rosengarten mit, ja

genau, Rosen, den Hexengarten mit Kräutern und zu guter Letzt den Feng-Shui-Garten mit asiatisch anmutender Gartenkunst. Über eine futuristische Brücke gegangen erwartet einen am Ende des Parks der Rhein. Warum nicht hier das vorhin ausgeliehene Buch lesen?

Die Zeit vergessen – jedenfalls bis 22 Uhr im Sommer. Dann schließt der Neuland-Park,

Hin & Weg: Mit der Bahn zum Bahnhof Leverkusen-Mitte, von dort ca. 2 km zu Fuß zum Park.

Beste Zeit: Der Park ist das ganze Jahr über geöffnet, der Bücherwagen ist von Frühling bis Herbst vor Ort. Öffnungszeiten unter www.neuland-park.de

Dauer & Strecke: Ca. 3 Std. (die Betonung liegt auf circa ...), 3,5 km.

Ausrüstung: Sonnenbrille, ein (ausgelesenes) Buch, je nach Bedarf Verpflegung.

und wer zu vertieft in sein Buch war, müsste dann außenherum laufen.

Hinweis: Im Neuland-Park finden häufig Feste und Veranstaltungen statt. Will man seine Ruhe haben, sollte man sich vorher auf der Website informieren.

FAZIT: NEULAND BETRITT MAN HIER DEFINITIV – UND GANZ NEBENBEI ENTDECKT MAN, DASS DIE KÖLSCHE NACHBARSTADT LEVERKUSEN TATSÄCHLICH SEHR SCHÖNE ECKEN HAT!

DER ZEIT AUF DER SPUR

... bei der Römerkanal-Wanderung

Vor fast 2000 Jahren erbauten die Römer einen rund 100 Kilometer langen Kanal, um das frische Eifelwasser in die Stadt Colonia Claudia Ara Agrippinensium zu leiten, das heutige Köln. Eine unglaubliche Leistung! Dieser Eifelwasserleitung kann man folgen: eine Reise ins Grüne und zugleich in die uralte Geschichte.

#Römer(kanal)latschen #langeLeitung #Eifelerleben #irgendwoimnirgendwo

Fließendes Wasser für öffentliche Toiletten, Brunnen und private Hausanschlüsse in deutschen Städten – das klingt nach einer Errungenschaft des 19. Jahrhunderts? Streng genommen ist es das. Allerdings haben die Römer schon im 1. Jahrhundert vorgemacht, wie man eine Stadt wie Köln mit Wasser versorgt. Und nicht etwa mit irgendeinem Wasser – nein, das allerbeste Eifelwasser sollte es sein.

Um die Trinkwasserqualität zu bestimmen, schauten die Römer sich die Einheimischen an. Wo die Menschen großgewachsen waren und eine gesunde Hautfarbe hatten, dort zapfte man die Quellen an. Es entstand in Schwerstarbeit ein Kanal, vom heutigen Nettersheim über Kall, Rheinbach, Brühl bis nach Köln-Sülz – eines der längsten Aquädukte des römischen Imperiums. Auf dessen Spuren kann heute gewandelt werden oder besser gesagt, gewandert. Wer dem gesamten Kanal folgen will, geht etwa 37 Stunden! Dank des ausgetüftelten Römerkanal-Wanderweg-Streckennetzes ist aber auch eine Tagestour drin.

Der Kanal ist in sieben Etappen unterteilt, Etappe 4 bietet sich für eine spontane Auszeit besonders an. Die ist gut an den öffentlichen Nahverkehr angebunden und verspricht

Abwechslung. Los geht's am Bahnhof Euskirchen-Kreuzweingarten. Hier in Fahrtrichtung des Zuges laufen und die Gleise überqueren. Dann nicht von den Schildern ablenken lassen, sondern dem nur leicht ansteigenden Fahrradweg etwa 50 Meter nach rechts fol

gen. Dort zweigt ein Trampelpfad ab – und das Abenteuer beginnt. Rein bzw. rauf in den Wald! Die Wadenmuskeln werden geweckt, es geht steil bergauf und nach wenigen Minuten liegt einem das Rheinland zu Füßen. Nachdem man den Ausblick genossen hat, geht es zu

Fruchtbare Eifel! Pflanzen lieben die Region.

der Ruine der Hardtburg. Über eine Brücke kann sogar die Kernburg besichtigt werden (nicht zur Brutzeit). Nicht wundern: Die Beschilderung des Römerkanal-Wanderweges schickt den Wanderer hier einmal im Kreis, man umrundet die Burg. Dann geht es weiter durch den schönen Wald. Der sollte nochmal richtig genossen werden, denn schwupps, da steht man plötzlich auf geteerten Straßen und passiert die Dörfer Niederkastenholz und Palmersheim. Auf Hofläden achten – hier gibt es saftige Äpfel zur Stärkung!

Den Rest des Weges prägen Landwirtschaft, Fachwerk-Romantik und immer wieder Spuren des Römerkanals. In der Ferne sind die grünen Berge zu sehen, und nach einer gefühlten Ewigkeit trifft man auf Bahngleise – an denen entlang hangelt man sich zur S-Bahn-Station von Rheinbach.

FAZIT: UM DEN RÖMERKANAL RANKEN SICH KÖLNER SAGEN UND MYTHEN, WIE ETWA DIE DOMBAUSAGE. HEUTE WEISS MAN: KEIN TEUFELSWERK, ABER TROTZDEM NICHT WENIGER BEEINDRUCKEND!

Hin & Weg: Bahnhof Euskirchen-Kreuzweingarten; zurück vom S-Bahnhof Rheinbach.

Beste Zeit: Frühling bis Herbst oder auch im Winter, ganz dick eingepackt.

Dauer & Strecke: 5–6 Std. und 16 km zu Fuß.

Ausrüstung: Feste Schuhe, viel zu trinken, Proviant – und am besten eine Karte der Region oder die GPS-Daten vom Wanderweg (www.roemerkanal-wanderweg.de, man verläuft sich leicht!).

FREIHEIT FÜHLEN

... am Fühlinger See

#31

Über die Grenzen von Köln hinaus kennt man den Fühlinger See als Veranstaltungsort von Kölns größtem Festival, dem Summerjam. Doch wenn die Zeltstädte, Buden und Bühnen wieder abgebaut sind, ist der Fühlinger See vor allem eines: Natur pur. Und nebenbei kann man hier noch den dollsten Sportarten frönen!

Beliebt bei jedermann und jederfrau, der Blackfootbeach. Hier genießt man den Sommer – in allen seinen Farben!

Ganze sieben Seen und ein Landschaftsschutzgebiet von über 84 Hektar, das alles haben die Kölner den 1960er-Jahren zu verdanken. Damals hat man angefangen den Fühlinger See anzulegen. Die Fühlinger Heide war schon lange ausgebaggert worden, vor allem Kies hat man hier hergeholt. Dann kamen belgische Pionierbataillone – und das Gelände war für die Öffentlichkeit lange Zeit nicht mehr zugänglich.

Heute ist alles anders: Die Sport- und Erholungsanlage Fühlinger See ist die größte in der Stadt. Wer Lust auf Ruhe und Wandern hat, kann endlos und ungestört spazieren. Doch auch Dynamik und Action sind hier zu finden. Adrenalin gefällig? Im Hochseilgarten des Blackfoot Beach kann man sich von Liane zu Liane schwingen, seine Schwindelfreiheit erproben und zu guter Letzt an einer riesigen Seilrutsche übers Wasser gleiten.

Zum Glück gibt es hier verschiedene Schwierigkeitsgerade, und auch für ungeübte Seiltänzer ist etwas dabei.

Doch am See will man vor allem eines: nass werden. Der Fantasie des Wassersportlers sind keine Grenzen gesetzt: Beachvolleyball, Floßbauen, Kanufahren, Tauchen, Drachenboot, Wasserski und und und – bei so einem Sportangebot wird einem fast schwindelig. Es bleibt wie immer die Qual der Wahl. Wie wäre es mit einer noch nicht ganz so bekannten Sportart, dem Suppen?! Nein, das hat nichts mit Omas Gemüsesuppe zu tun. SUP steht für Stand-up-Paddling, wer Englisch kann, weiß nun schon, worum es geht: Im Stehen paddeln. Dabei treibt man ordentlich Sport und kann den See mal aus einer anderen Perspektive betrachten. Der Trendsport kommt aus Hawaii, dem Land, wo auch das Surfen seinen Ursprung hat. Das SUP war lange Zeit

in Hawaii den Königen vorbehalten, denn nur sie und wenige Auserwählte durften sich auf dem Wasser stehend fortbewegen.

Ob royal oder normal: Am Fühlinger See können sich alle darin ausprobieren. Fast fühlt man sich dabei, als könne man über das Wasser laufen. Da heißt es schnell abschalten und sich ganz auf die Umgebung konzentrieren. Also: »Ku Hoe He'e Nalu!« Das ist Hawaiianisch und bedeutet: »Stehen, Paddeln, Surfen, Welle«.

Hin & Weg: Linie 122, Bushaltestelle Seeberg.

Beste Zeit: Ganz klar der Sommer.

Dauer: Ein Tag am See. Infos gibt's unter www.blackfoot.de, www.koeln-fuehlinger-see.de

Ausrüstung: Sonnencreme, Wasser (zum Trinken – der Fühlinger See hat nicht die beste Wasserqualität ...), Badesachen.

FAZIT: ADRENALIN-FREAK, TRENDSETTER, NATURBURSCHE, WALDSCHRAT ODER CHILLER – AM FÜHLINGER SEE KOMMT JEDER AUF SEINE KOSTEN. MIT DEN FÜßEN IM SAND.

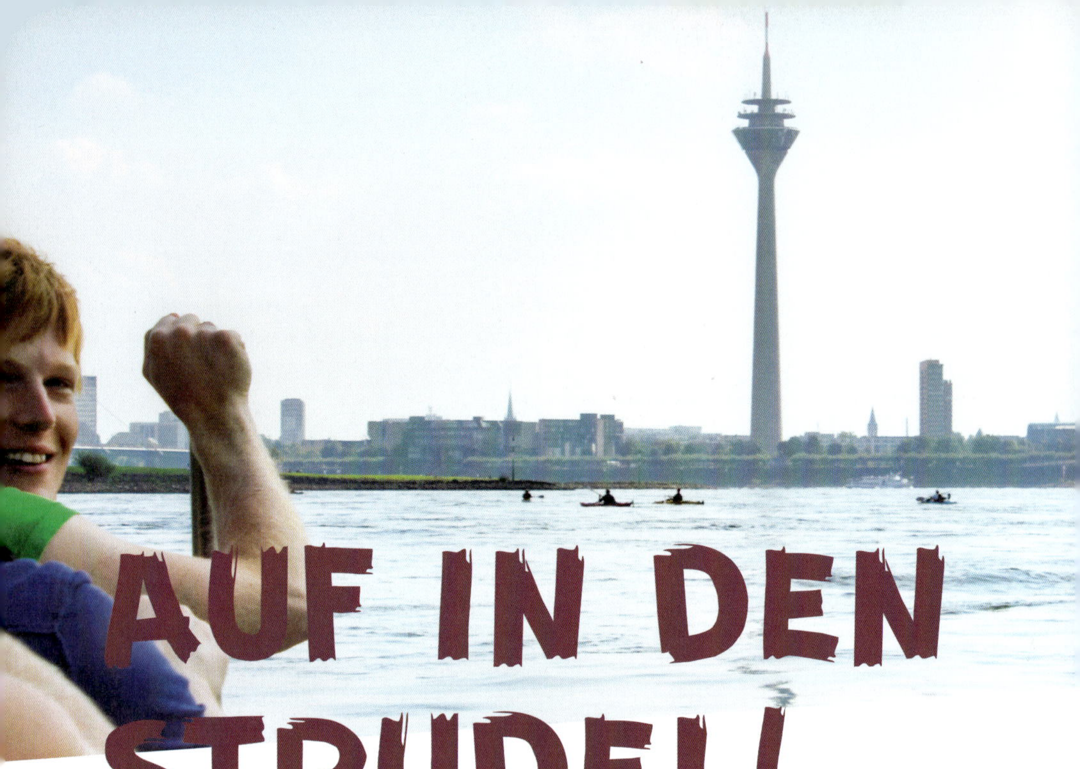

AUF IN DEN STRUDEL!

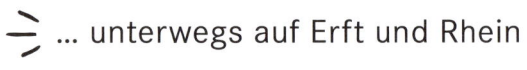

... unterwegs auf Erft und Rhein

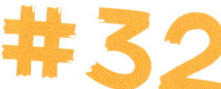

#32

Dschungelgefühle für Wellenreiter. Diese Tour wird wild und je nach Wasserstand auch richtig nass! Man muss nicht in den Amazonas fahren um Wildwasser zu erleben, einen kleinen Geschmack bietet auch die Erft. Auf in den Strudel und sich mitreißen lassen!

#allesdrehtsich #guteStrömungen #intotheWildwasser #imStrudel

Bevor es ins Wasser geht, geht's erst mal zu Fuß. Die Gegend lädt ein zu einem morgendlichen Spaziergang. An der Bushaltestelle Nixhütterweg angekommen, ist der Barfußpfad nicht weit. Herrlich!

Hier kann man seine Sinne wecken und langsam schon mal nass werden, eine kleine körperliche Vorbereitung auf das, was gleich kommt. Denn genau beim Parkplatz vom Barfußpfad geht die Wildwassertour los. Kenner können sich ab hier in ihr Kajak oder Kanu schwingen, auch Schlauchboote, die vom Wasserstraßenamt genehmigt wurden, düsen von hier aus ab (Helmpflicht!). Für alle anderen empfiehlt es sich jedoch, die Tour in Begleitung eines Guides zu machen. Der heißt zum Beispiel Jan und arbeitet beim Anbieter querfeldeins. Von nun an geht's also querflussein. Die Erft ist dicht bewuchert – kaum zu glauben, dass man noch in Deutschland ist. Wusch! Da taucht die erste Stromschnelle auf und das Boot dreht sich im Kreis. Schnell beruhigen sich Erft und Mensch wieder und es

Noch in den verwunschenen Strudel der Erft. Dann wartet schon der weite Rhein hinter der nächsten Ecke.

kann weiter gepaddelt werden. Doch Vorsicht, Natur! Äste ragen über den Fluss, also heißt es ab und zu den Kopf einziehen und Augen auf. Auch auf andere Paddler sollte man Rücksicht nehmen. Ehe man sich versieht, spuckt einen die Erft nach gut 40 Minuten wieder aus. Auf den Rhein. Der kommt einem nach der wilden, engen Erft plötzlich vor wie das weite Meer. Ist es aber nicht, denn vor allem das Schwimmen im Rhein sollte man wirklich lassen! Schon manch einer hat die Strömungen unterschätzt. Auch wo man noch stehen kann, passiert es nicht selten, dass es einem die Füße weg zieht – und dann gibt es meist kein Entkommen mehr. Dabei sieht der Rhein so friedlich aus, wie er so gemächlich vor sich hin fließt wie hier. Zeit für ein Picknick auf hoher See und dabei: treiben lassen. Einzig der Schiffsverkehr kann einem noch gefährlich

werden. So ein Frachter hat einen Bremsweg von rund fünf Seemeilen, umgerechnet sind das ganze acht Kilometer. »Ahoi!«, schallt es ab und zu herüber.

Hin & Weg: Hin geht's von der Bushaltestelle Nixhütter Weg aus, zurück vom Golzheimer Platz in Düsseldorf, von dort fährt die U-Bahn.

Beste Zeit: Mai–September. September–Mai schlüpfen Hartgesottene auch gerne mal in den Neoprenanzug.

Dauer: Ein wasservoller Tag, ca. 20 km auf dem Wasser.

Ausrüstung: Erfahrene Kanuten wissen, was sie brauchen, allen anderen sei geraten Wechselklamotten einzupacken (Schuhe anziehen, die nass werden dürfen), etwas Verpflegung für den kleinen Hunger zwischendurch. Kajaks, Schlauchboote und Touren gibt's bei www.querfeldeins.de

Es dauert nicht lange, da sieht man den Düsseldorfer Fernsehturm von Weitem. Große Brücken werden passiert und flugs taucht die Rheinpromenade auf. Zur Linken wäre nun der perfekte Ort, um an Land zu gehen, doch es handelt sich um ein Naturschutzgebiet. Daher muss der Düsseldorfer Hafen genutzt werden. Auch hier haben die großen Schiffe Vorfahrt. Manchmal muss man daher warten – gar nicht schlimm, denn »auf See« lässt man sich gerne Zeit.

FAZIT: WILD VS. GEMÜTLICH, DICHT BEWUCHERT VS. ENDLOS WEIT, DIESE BEIDEN FLÜSSE SIND EIN KONTRASTPROGRAMM UND DIE PERFEKTE KOMBINATION, UM SICH EINFACH MAL TREIBEN ZU LASSEN.

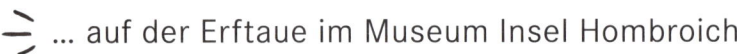

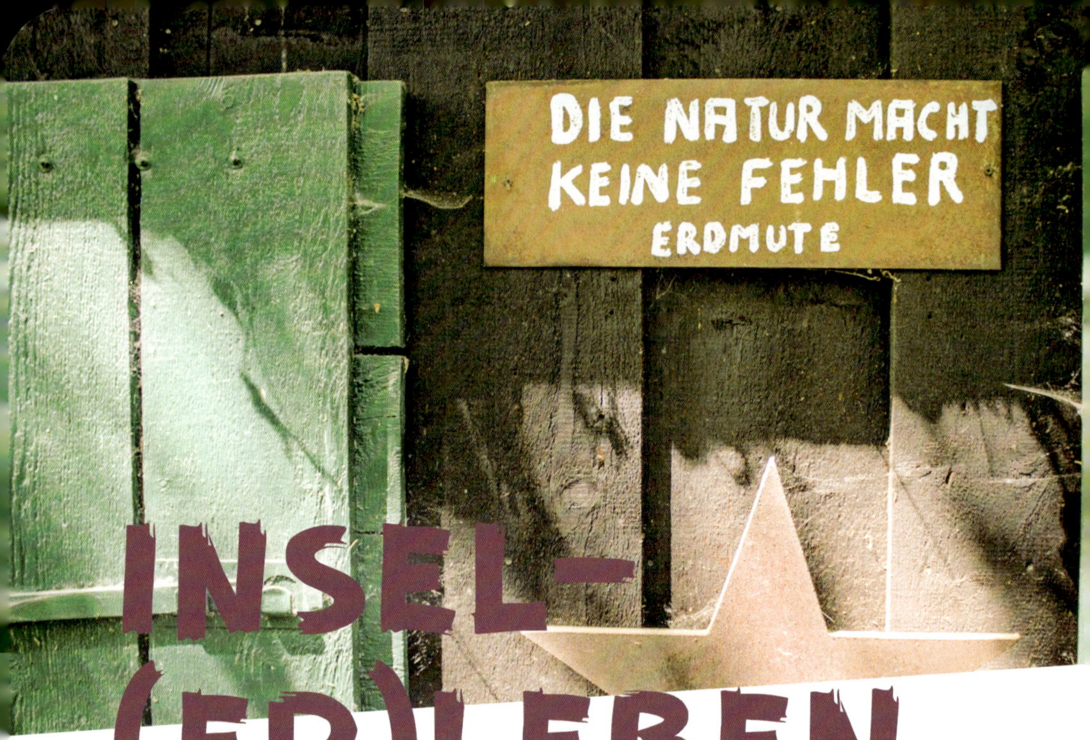
DIE NATUR MACHT
KEINE FEHLER
ERDMUTE

INSEL-(ER)LEBEN

... auf der Erftaue im Museum Insel Hombroich

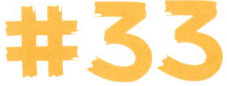

#33

Museum Insel Hombroich heißt es profan – und doch verbirgt sich hinter diesem leicht sperrigen Begriff eine wunderbar verwunschene Auenlandschaft an der Erft. Damit nicht genug: Getreu Paul Cézannes Motto »Kunst parallel zur Natur« ist hier eine ganz besondere Kunstsammlung im Dialog mit der Natur zu sehen.

#woFeen&Elfenwohnen #AuenAbenteuer #Kunstgenuss #Schmalzbrote

Ich kloppe keine erhabene Kunst an die Wände – für den Künstler Anatol Herzfeld ist die Museumsinsel Hombroich der ideale Ort für seine künstlerischen Versionen.

Ist es nicht wie im Paradies, wenn die Sonne ihre Strahlen großzügig auf spiegelglatte Teiche und Bachläufe verteilt? Wenn Bäume und Sträucher mit fettestem Grün dagegenhalten, Rittersporn, Schwertlilien und Rhododendren mit sattem Violett, Gelb und Altrosa? Wenn Frösche quaken und Bienen und Hummeln fleißig Pollen zusammentragen, Libellen zarte Kringel auf die Wasseroberfläche setzen? Zeit für einen Ausflug zur Erftaue!

Eine erhöht liegende, natürliche Galerie gibt den Blick auf die Auenlandschaft frei, die auch zig Wildgänse zu schätzen wissen. Ob der Düsseldorfer Karl-Heinrich Müller sich hier entschieden hat, die Insel in der Erftaue zu kaufen? Diese Frage wird unbeantwortet bleiben, wohl aber weiß man, dass der Kunstsammler einen besonderen Ort schaffen wollte, der die unmittelbare Begegnung mit Kunst und Natur ermöglichen sollte. Dazu ließ er zehn skulpturale Bauten in die renaturierte Talaue setzen, der der Braunkohletagebau zuvor ordentlich zugesetzt hatte. Gebäude Nummer eins wirkt, als hätte ein Kind Legosteine aufeinandergestapelt. Der Architekt

In die renaturierte Landschaft des Auenparks wird so wenig wie möglich und nur wenn nötig eingegriffen.

Erwin Heerich hat auf Backsteinoptik gesetzt. Der »Turm« überrascht: Wo ist hier die Kunst? Türen öffnen sich zu allen Seiten, die Natur wirkt wie gerahmt. Je nach Lichteinfall – es gibt in allen Gebäuden nur natürliche Lichtquellen – ändert sich die Raumwirkung. Die geniale Akustik lädt ein, in den hohen Raum hineinzurufen. Und spätestens nun wird klar: Man steht mitten in der Kunst, ist selbst ein Bestandteil von ihr.

Hinweisschilder sucht man hier vergebens. Müllers Traum: Jeder Besucher sollte sich auf dem Gelände zwischen Auenlandschaft und historischem Park, Pappeln und Kopfweiden, Rhododendren und Hainbuchen seinen eigenen Weg zu Kunst und Natur suchen. Und so wird man auf sich selbst zurückgeworfen: Im »Labyrinth« mit asiatischer Sammlung und Kunst des 20. Jahrhunderts, in das durch offene Türen Blätter hineinwehen. In der »Schnecke«, die Müllers grafische Sammlung fasst. In der »Hohen Galerie«, die den Übergang von der Auen- zur Parklandschaft markiert.

Verschlungene Pfade führen zum Atelier von Anatol Herzfeld. Der Beuys-Schüler hat einen ganz besonderen Skulpturengarten geschaffen und ist hier auch selbst oft anzutreffen – bei einer Tasse Kaffee und der Brotzeit inmitten seiner Objekte. Manches Mal scheint er selbst schon ein Kunstwerk zu sein …

Vorbei an seinem Thingplatz, dem Parlament, 27 Stühlen aus rostigem Stahl, im Rund angeordnet, geht es zu einem weiteren Heerich-Bau. Dieses schlichte, sich ideal in die Natur einpassende Gebäude beherbergt die Kantine. Und tischt gratis Kartoffeln und Schmalz, Schwarz- und Rosinenbrot, Pflaumen- und

Karl-Heinrich Müller faszinierte Cézannes Vorstellung von der »Kunst parallel zur Natur«.

Apfelmus, Tee, Kaffee und Wasser auf. Wenn man jetzt noch einen der begehrten Laubenplätze draußen ergattert, ist die Idylle vollends perfekt.

Tipp: Vom Museum führt übrigens eine schöne, gut einen Kilometer lange Wanderung entlang der Erft über Minkel zum Alten Bootshaus – ein toller Biergarten direkt am Fluss.

Hin & Weg: Mit der S11 nach Neuss-Süd, dann mit dem Bus 869 bis Insel Hombroich, ca. 1 Std.

Beste Zeit: Zu jeder Jahres- und Tageszeit zeigt der Park ein ganz anderes Gesicht. Infos gibt's unter www.inselhombroich.de

Dauer: Mit viel Muße ein ganzer Tag, insbesondere wenn noch das benachbarte Gelände mit Raketenstation, Langen Foundation und Skulpturenhalle des Bildhauers Thomas Schütte auf der Agenda stehen.

Ausrüstung: Viel Neugierde.

FAZIT: IST DAS NOCH URLAUB ODER SCHON DAS PARADIES? IN JEDEM FALL EIN ERLEBEN MIT ALLEN SINNEN.

NATUR TRIFFT MENSCH

⋛ ... auf der Sophienhöhe und im Hambacher Forst ⋚

#34 Ein Ausflug der anderen Art. Unweit von Köln ist live zu erleben, woher der Strom kommt – beim größten und tiefsten Tagebau Deutschlands. Braunkohle wird aus dem Boden geholt, und die Natur muss weichen, erobert sich jedoch an anderen Stellen das Land langsam zurück.

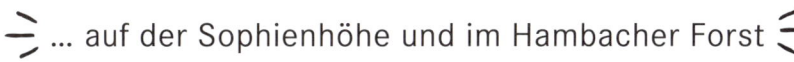
#Energiequelle #Tagebaublick #Mensch&Umwelt #HorstoderForst

Zaghaft wächst und grünt es wieder und weiter ... Rechts: Das letzte Stückchen Hambacher Forst, lange wird es den 12 000 Jahre alten Wald nicht mehr geben.

Im Oktober 1978 begann der erste Bagger seine Arbeit. RWE, damals noch Rheinbraun genannt, hatte das Waldgebiet in der Jülicher Börde gekauft. Hier gibt es Braunkohle satt. Diese wird in Kohlekraftwerken verbrannt und so in elektrischen Strom umgewandelt. Über 40 Prozent des Stroms in Deutschland wird noch immer auf diese Art und Weise gewonnen. Der Bedarf an Braunkohle ist also nach wie vor gewaltig. Seit den Siebzigern ist in dieser Region einiges geschehen, das wird dem Besucher des Tagebaus schnell klar.

Von Jülich kommend, geht es erst mal durch grüne Wiesen, Felder und in den Wald. Hier ist durch die Rekultivierung der Abraumhalde das Freizeit- und Erholungsgebiet Sophienhöhe entstanden. Es grünt wieder und die Palette an Wanderwegen ist beträchtlich.

Genau nebenan erstreckt sich der aktive Tagebau. Wer sich diesem Gelände nähert, dem bleibt erstmal der Atem weg – der Anblick der riesigen Sandflächen und -berge ist überwältigend. Die Erdschichten schillern in vielen Farben, weiß, gelb, orange, rot, braun, schwarz. In ein Tagebaugelände rein kann man nur mit einer offiziell von RWE angebotenen Führung, doch auch von Weitem erschlägt einen der Anblick geradezu.

Wer am Gelände entlang wandert, erreicht das letzte Stück des Hambacher Forsts. Dies ist ein 12 000 Jahre alter Mischwald mit einer vielfältigen Flora und Fauna. Er ist das Zuhause von bedrohten Tierarten, wie der Bechsteinfledermaus, des Mittelspechts und der Haselmaus. In den Kölner Medien ist er vor allem bekannt für seine Waldbesetzer. Sie wollen verhindern, dass der Wald weiter gerodet wird. Wanderer treffen auf ihre Spuren, wie Schilder oder Baumhäuser. Durch den Hambacher Forst und ein Stück über Wiesen und Felder gewandert, gelangt man zur Station Buir, wo die S-Bahn zurück nach Köln fährt.

Für noch mehr Einsichten ist ein Besuch des Aussichts- und Informationspunkts Terra Nova zu empfehlen (www.eventforum-terranova.de). Hier gibt es ein Restaurant, wechselnde Kunstausstellungen, einen Abenteuerspielplatz und eine Plattform mit Liegestühlen und Sonnenschirmen, direkt an der Grube. Durch die Bullaugen im Obergeschoss kann der Blick über den Tagebau schweifen.

FAZIT: BEEINDRUCKENDE AUS- UND EIN- SICHTEN IN DIE BEZIEHUNG VON MENSCH UND UMWELT!

Hin & Weg: Hin mit dem RE1 nach Düren, von dort mit der Ruhrtalbahn aussteigen bei der Haltestelle Jülich-Segelsdorf, zurück von der S-Bahn-Haltestelle Buir (Terra Nova: mit dem Auto oder von der Haltestelle Elsdorf, Berrendorf).

Beste Zeit: Von Oktober bis April wird gerodet, dann können nur die Sophienhöhe und das Forum Terra Nova, nicht aber der Hambacher Forst besucht werden.

Dauer & Strecke: Ca. 5 Stunden und 20 km zu Fuß.

Ausrüstung: Eine Karte, Proviant, bequeme Schuhe, Getränk und evtl. ein Fernglas.

IM RAUSCH DER FARBEN

 ... auf dem Kunsthof Greven in Honerath

Diesen Ausflug vergisst man so schnell nicht. Eine Eifellandschaft wie gemalt: Hügel folgt auf Hügel, dazwischen wie getupft die Täler. Dank der Wälder, Wiesen und Felder ist Grün die vorherrschende Farbe. Mittendrin der Kunsthof Greven – und da wird's bunt. Einen Spaziergang ins Grüne gibt's aber dann trotzdem noch.

»Wie schaffen wir das?« – 30 Meter lang soll Paul Grevens Flüchtlingstreck in der Eifel werden.

Eigentlich trägt Paul Greven Kappe, Latzhose, Karohemd. Heute aber ein zart rosafarbenes Hemd aus indischer Seide, die Kappe hat er weggelassen. Er strahlt übers ganze Gesicht. Kein Wunder, auf dem Gelände des restaurierten Fachwerkhofs in Bad Münstereifel-Honerath herrscht fröhliche Volksfeststimmung. Wie jedes Jahr, wenn das Ehepaar Greven im September zum »Honerather Skulpturen Symposium« einlädt. Wer den Hof betritt, taucht in eine andere Welt ein. Gewaltige Großobjekte, abstrakte Figurengruppen, dreidimensionale Gemälde bauen sich vor dem Betrachter auf. Der Künstler arbeitet nur mit natürlichen Materialien, am liebsten Holz. Manchmal vergehen Jahre, bis eine Skulptur fertig ist. Ziel seines Schaffens ist der »Einklang von Kunst und Leben«, wobei die Natur Grevens Leinwand ist, auf die er seine Objekte malt.

Das Schöne: Seine Skulpturen sind fast alle begehbar und können angefasst werden. Schließlich sind sie ja auch jahrein, jahraus der Natur ausgesetzt. Der Hühnerstall mit seinem

Hin & Weg: RB nach Euskirchen, dann RB nach Bad Münstereifel, anschließend Taxibus 822 (30 Min. vor Ankunft zu bestellen: Tel. 02441 99454545), insgesamt ca. 100 Min.; oder mit dem Auto. Infos unter www.kunsthofgreven.de

Beste Zeit: Immer. Bei Schnee macht's auch viel Spaß; das Symposium mit mehreren Künstlern findet an einem Septemberwochenende statt.

Dauer & Strecke: Insgesamt 6–8 Std., die knapp 5 km lange Wanderung lässt sich beliebig verlängern.

Ausrüstung: Muße, die gute Laune kommt hier automatisch; evtl. ein Mountainbike, wer's sportlich mag und die Strecke von Bad Münstereifel herradeln möchte (über Schleidstraße, 15 km, 1 Std., 292 Höhenmeter).

in Ochsenblut gestrichenen Kuppeldach etwa, den einst Grevens Hühner bevölkerten. Oder die aus Lärchenstämmen gebaute Lebenspyramide, die ein wunderbares Panorama auf die Eifellandschaft bietet. Oder der Grevens Lieblingstieren gewidmete Ziegenturm, eine zwölf Meter hohe Holzskulptur, die von Ziegen bevölkert wird und erklommen werden kann. Die Skulptur soll Betrachter anregen, über das Verhältnis von Mensch und Tier in heutiger Zeit nachzudenken.

Die Eifelnatur inspiriert Greven immer wieder – auch zu Kunst mit Augenzwinkern.

Vieles auf dem Hof stimmt nachdenklich: Der Fries der arbeitenden Bäuerinnen und Bauern, die in der Eifel im täglichen Kampf mit der kargen Natur lebten. Und natürlich »Das Boot«, eines von Grevens neuesten Werken, Teil des Gesamtkunstwerks »Fries der Flüchtlinge«. Eine Reminiszenz an die Katastrophe auf dem Mittelmeer, die so weit weg von dieser Eifelidylle zu sein scheint. Doch Paul Greven will aufrütteln: Sein Boot ist gekentert, die Frauen, Kinder und Männer klammern sich verzweifelt an das sinkende Schiff. Die Ausdruckskraft von Grevens Personendarstellung beeindruckt, beklemmt.

Wer sich von den Skulpturen losreißen kann, sollte einen Spaziergang durch die verwunschene Natur machen. An der Arche vorbei und links halten durch den Wald, dann wieder

links und entlang der Wiesen, erneut da links, wo der Kirchturm von Mutscheid winkt, durch den Wald und wieder links bis ins 35-Einwohner-Dorf Honerath. Die Natur salbt die Seele – kein Wunder, dass Greven hier seine Inspiration findet.

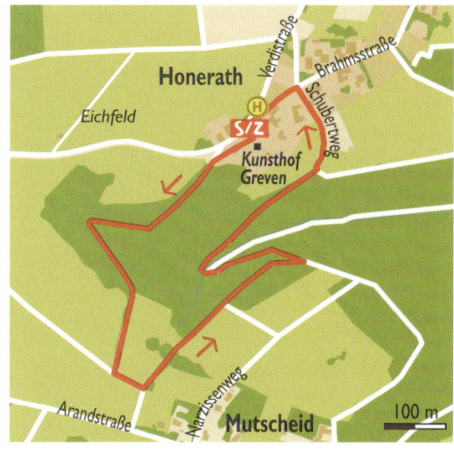

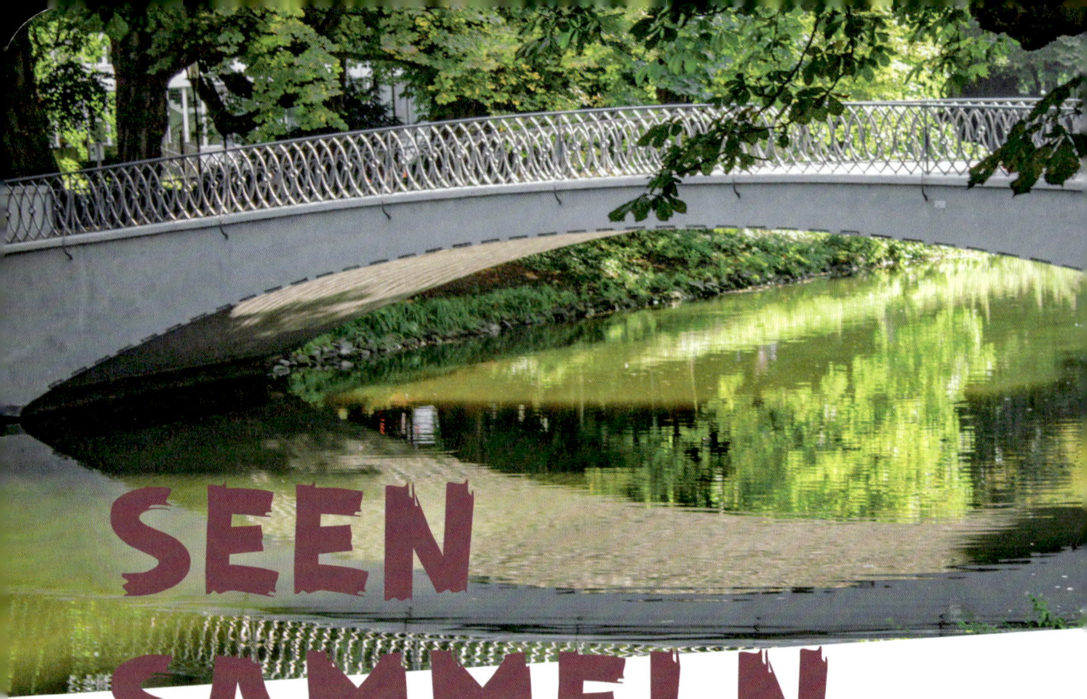

SEEN SAMMELN

... vom Aachener Weiher bis zum Bleibtreusee

#36

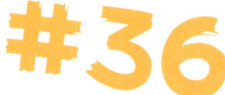

Sieben auf einen Streich! So könnte das Motto dieser Radtour lauten, die mitten in der Stadt startet, zur Ville-Seenplatte führt und sieben Gewässer streift. Sportlich wird's: Radeln, Rudern, Schwimmen, Wasserskifahren, Stand-up-Paddling ... Alles geht, nichts muss – nur den Drahtesel zum Fortbewegen braucht's.

#vonSeezuSee #Wakeboarding #biketoexplore #rausausderStadt

Sieben auf einen Streich: Hier ersetzt der unermüdliche Radler das tapfere Schneiderlein.

Wer will, kann sogar noch mehr Seen abrei-ßen: Die Ville allein zählt mehr als 40 große und kleine Seen, sehr flache und einige tie-fere. Die wenigsten sind zum Baden freige-geben, alle sind dem Braunkohletagebau zu verdanken.

Los geht's mitten in der City, am Aachener Weiher. Wie die folgenden beiden Weiher ver-danken die Kölner auch diesen ihrem einsti-gen Oberbürgermeister Konrad Adenauer. Bei schönem Wetter meint man, ganz Köln versammle sich am »Aachener«. Kein Wunder, die Anlage rund um den Weiher wird gerne als Kölns Central Park betitelt. Nur die Grö-ßenverhältnisse stimmen nicht ganz ... Ist die sechsspurige Innere Kanalstraße über-

wunden, wird es an den Kanälen viel ruhiger, entspannter. Grachtenfeeling kommt auf. Der Clarenbachkanal mit seinen uralten Rosskas-tanien ist vor allem im Herbst bei den Kindern beliebt: Bastelkastanien ohne Ende. Und sich in Blätterhaufen zu wälzen, scheint auch at-traktiv. Am Rautenstrauchkanal überwiegen Ahornbäume – idyllisch ist es aber auch hier. Ebenso wie im benachbarten Rosengarten.

Die Lindenthaler Kanäle schlagen die Verbin-dung vom inneren Kölner Grüngürtel zum äu-ßeren, der mit dem Stadtwaldweiher erreicht ist. Zu ihm geht es mit Schwung nach links über die romantische Brücke. Auf der einsti-gen Volkswiese und den ehemaligen Heuwie-sen rundum picknicken, spielen und dösen

Stadtflüchtende. Das hübsche Nass heißt nicht umsonst auch Kahnweiher! Eine Runde mit einem der Ruderboote erhöht den Romantikfaktor dieser Tour enorm. Unter schattigen Bäumen bietet sich dann eine erste Rast im Biergarten an der Bootsstation an. Mit Blick auf stolze Schwäne.

Durch den großzügigen Stadtwald geht's weiter. Den Militärring überquert, kurz parallel dazu geradelt – und dann ist eines der schönsten Gewässer Kölns erreicht: der Decksteiner Weiher. Kastanien- und Platanenalleen nehmen ihn in die Zange. Wer mag, radelt einfach die knapp sechs Kilometer auf dem Uferweg um den See, eine der beliebtesten Joggingstrecken Kölns. Mit etwas Glück grast hier eine der städtischen Schafherden. Dann ist die Idylle perfekt!

Über Feldwege und Sträßchen geht's zum Otto-Maigler-See. Das Strandbad rechts liegen gelassen, locken zur Linken etliche Badebuchten. Der OMS ist einer der wenigen Ville-Seen, in denen gebadet werden darf. Vorbei am Zieselsmaar, hier kann baden, wer's textilfrei mag, und am Villesee, dann

---

Hin & Weg: Ab dem Aachener Weiher mit dem Rad.

Beste Zeit: Für Badespaß jeglicher Art, wenn's warm ist; Kastaniensammler kommen im Herbst.

Dauer & Strecke: Mit diversen Stopps ein ganzer Tag; reine Fahrtzeit für eine Strecke 1,5–2 Std. und ca. 30 km (wer nicht zurück radeln will: mit der Stadtbahn-Linie 18 ab Fischenich-Drafenstraße geht's auch: vom See ca. 4 km entfernt, mit dem Rad knapp 15 Min.)

Ausrüstung: Radkarte oder App; Badesachen nicht vergessen!

Grün und Blau sind in dieser Landschaft die vorherschenden Farben, in die die Schafe flockig-weiße Pünktchen setzen.

ist mit dem Bleibtreusee der größte der Villeseen erreicht. Wasserratten geht es hier gut: mit Sandstrand, Liegewiese, Strandkiosk, SUP-Verleih – und Wasserskianlage. Wer sich traut, dem sind die bewundernden Blicke der Zuschauer sicher. Und so beschwingt geht's am Abend wieder heim. Einen 1a-Abschluss garantieren zwei schräge Biergärten: die Steirische Botschaft in der Kleingartenkolonie Sülz und Em Birkebäumche am Beethovenpark. Es bleibt grün und nass ...

FAZIT: IDEAL FÜR GROBE UND KLEINE GROBSTADTKINDER! BEIM START IN DER STADT IST ALLES GRÜN, SPÄTER WIRD DAS GRÜN DER WÄLDER UND WIESEN VOM BLAU DER SEEN ABGELÖST.

EIN-TAGES-URLAUB

⇒ ... eine Rheinradfahrt zum Hitdorfer See ⇐

#37

Zeit und Raum sind relativ! Das beweist vor allem dieser Ausflug. Nur ein Tag fühlt sich plötzlich an, wie ein ganzer Urlaub. Und die Strecke von Köln nach Leverkusen wird zu einer Weltreise.

Das Beste dabei: Man muss dafür nicht mal tief in die Tasche greifen. Ein Fahrrad, ein wenig Proviant, eine große Flasche Wasser – fertig!

Stadtkinder am Stadt-Beach - so macht der Rhein Laune.

scheln gesammelt werden. Und weiter geht's. Mitten durch die Pampa. Den Rhein kann man nun nur noch neben sich erahnen, zwischendurch blitzt das Wasser noch durch die Bäume. Dafür geht es jetzt durch Wald und Wiese. Das Gras wächst richtig hoch! Ja, so simple Sachen können Stadtkinder manchmal richtig beeindrucken.

Auf der Höhe von Leverkusen verlässt man den Weg am Rhein kurz, denn hier hat Bayer einen Zaun gezogen und ein Industriegebiet errichtet. Umso schöner ist es dann, wenn das Gebiet umrundet und man wieder zurück an seinem blauen Wegweiser ist. Das Wasser glitzert im Sonnenschein. An einigen Stellen durchkreuzen nun Nebenarme des Rheins die Weiterfahrt, hier liegen kleine Boote, die als Brücke dienen (Achtung nur Samstag und Sonntag geöffnet, an anderen Tagen heißt es wieder: umrunden).

Alles hier ist so idyllisch, dass es schon fast weh tut. Nachdem der Hintern dann langsam auch anfängt weh zu tun, ist das erste Ziel erreicht. Ein winziges Café in einem Kran – das

Los geht es in Köln-Deutz. Auf den Drahtesel geschwungen und Richtung Leverkusen kräftig in die Pedale getreten. Nach nur zehn Minuten wird es an den Mülheimer Docks kurz richtig spannend-städtisch, doch heute geht's raus aus der Stadt. Die gute Nachricht für alle etwas Verpeilten: Man braucht für diese Fahrradtour keinen überragenden Orientierungssinn. Immer am Rhein entlang lautet die Devise. Das macht Spaß, die Abenteuerlust packt einen schon hier.

Zunächst geht es über ordentlich geteerte Wege. Später wird die Gegend dann etwas wilder. Der Bereich am Rhein ist teilweise Wasserschutzgebiet – zwischendurch kann man einfach mal die Räder liegen lassen und einen kurzen Spaziergang zum Rheinufer unternehmen. Hier können sogar ein paar Mu-

Hin & Weg: Am Bahnhof Köln Deutz geht's los. Auf dem Rückweg ein kurzes Stück mit dem Rad nach Leverkusen (ca. 20 Min. bzw. 8 km) und von dort aus mit der S-Bahn oder dem RE5 nach Köln Hbf.

Beste Zeit: Mai–September (am besten mit Sonne).

Dauer & Strecke: Etwa 4 Std. auf dem Sattel (33,3 km) plus ½ Std. im Kran und 2 Std. am See ist gleich? Eine kleine Ewigkeit!

Ausrüstung: Fahrrad, Proviant, Schwimmsachen und feste Schuhe.

Pausen einlegen, denn der Weg ist das Ziel, und natürlich ein Käffchen im Krancafe.

Krancafé – direkt am Rheinufer von Hitdorf. Eine kleine Erfrischung und schon geht es weiter. Diesmal mitten durchs niedliche Dorf. Ja, auch so ein Dorfbesuch kann ein Stadtkind beeindrucken.

Jetzt sind es nur noch wenige Meter und man erreicht den Hitdorfer See. Die Fahrradfahrerei hat einen so aufgeheizt, dass man dem türkisen Wasser nicht widerstehen kann. Baden, entspannen und ... nun vielleicht lieber mit der Bahn zurück?

FAZIT: WIEDER ZUHAUSE ANGEKOMMEN, ERLEBT MAN DAS GEFÜHL EINE EWIGKEIT WEG GEWESEN ZU SEIN! DABEI WAR ES DOCH NUR EIN TAG ...

BLAUMACHEN

... auf der Zeche Zollverein in Essen

#38

Baden im Welterbe? Ja, ist klar! Und doch ist es so: Auf der Zeche Zollverein im Essener Norden warten zwei miteinander verschweißte Überseecontainer auf Badenixen und Wassermänner. Wenn's in den Sommerferien so richtig heiß wird, verspricht das ›Kleine Blau‹ neben der Kokerei eine erfrischende Abkühlung.

#Kanarienvogelgelb #Industriedenkmal #SchwimmenimWelterbe #abindenContainer

Nächste Haltestelle: Natur.
Und das auf der Zeche.

Am Anfang ist alles gelb ... Acht riesige Kanarienvögel weisen den Weg zur Zeche Zollverein, der schönsten des Ruhrgebiets. Zwei Meter hoch, 3,60 Meter lang und hundert Kilo schwer sind die Kunstobjekte. Doch was haben die Vögel, die tatsächlich nur 14 Zentimeter groß werden, hier zu suchen? Ein Blick ins Zechen-Vokabular verrät: Sie sollten vor »bösem Wetter« warnen. Die Bergleute nahmen die Tiere mit unter Tage, da diese sehr empfindlich auf einströmendes Grubengas oder Sauerstoffmangel reagierten. Hörten die Vögel auf zu singen, hieß das: schnell raus aus den Stollen!

Die Zeche Zollverein gilt als Meisterwerk der Bergwerkarchitektur und als komplett erhaltenes Gesamtkunstwerk. Sie ist eines von hundert Bergwerken im Ruhrgebiet, aber das einzige, das den Titel Unesco-Welterbe tragen darf. Und eigentlich ist sie auch ein ganzes Dorf, mit Cafés und Restaurants, Fahrradverleih, Museen und Ausstellungsräumen, Shops und Ateliers, Infozentrum, E-Bussen, Eisenbahn und Führungen. Und Werksschwimmbad. Das misst gerade einmal zwölf mal fünf Meter, ist 2,40 Meter tief und ein Kunstwerk. Dirk Paschke und Daniel Milohnic erbauten den Pool 2001 im Rahmen des Projektes »Zeit-

»Das kleine Blau« – ein hübscher und im Hinblick auf die Größenverhältnisse passender Name für den Zechenpool.

genössische Kunst und Kritik« – als Sinnbild für den Strukturwandel, eingerahmt von beeindruckender Ruhrpott-Industriearchitektur.

Den Kids ist das alles völlig schnuppe. Sie planschen im quietschblauen Becken. Liegen ineinander verknäult auf den Holzplanken. Oder tauchen zu den in die Container gefrästen »Lichtblicken«. Diese Löcher erlauben den Blick nach draußen oder von dort nach drinnen. Witzig, immer mal einen Fuß oder einen Arm vorbeiziehen zu sehen. Und immer wieder überraschend, wenn plötzlich ein glotzendes Gesicht auftaucht … Szenenwechsel. Gleich nebenan servieren Café und Biergarten Die Kokerei allerlei Leckeres – stilecht auch Currywurst und Fritten rot-weiß (www.die-kokerei.de). Gratis dazu gibt's den Blick

Hin & Weg: Mit der Bahn bis Oberhausen oder Gelsenkirchen, vom Bahnhof mit der S-Bahn-Linie 2 bis Essen-Zollverein-Nord.

Beste Zeit: Schwimmen tgl. bei gutem Wetter während der Sommerferien, Open-Air-Kino donnerstags in den Sommerferien. Schlittschuhlaufen und Eisstockschießen im Winter, Dezember bis Anfang Januar; manchmal gibt's sogar eine Eisdisco. Nach Einbruch der Dunkelheit gießt eine Lichtinstallation die Bahn in buntes Licht. Öffnungszeiten und mehr unter www.zollverein.de

Dauer: Fürs Planschen ein paar Stunden, für die gesamte Zeche locker ein ganzer Tag.

Ausrüstung: Pack die Badehose ein! Oder die Schlittschuhe.

Im Pool der Kokerei geht's drunter und drüber …

auf die Koksöfen. Wo es einst heiß herging – 1000 Grad waren nötig, um Kohle zu Koks zu backen –, zieht sich heute im Winter eine 150 Meter lange Eisbahn. 1800 Quadratmeter Kunsteis für kunstvolle Pirouetten.

Doch auch im Sommer ist die spiegelglatte Fläche vor der Kulisse der Hochöfen, Röhren und Kamine ein Hingucker. Apropos Hingucker: Im Sommer kann, wer mag, vom Pool vor die Leinwand wechseln. Jeden Donnerstag gibt's hier Open-Air-Kino. Als ob das so nicht schon alles filmreif wäre.

FAZIT: DAS WERKSSCHWIMMBAD AUF ZOLL-VEREIN HAT DAS ZEUG ZUM KULTOBJEKT. UND WEM DAS NICHT REICHT, DER SCHAUT SICH AUF DER ZECHE WEITER UM. MEHR RUHRGEBIET ALS HIER GEHT NICHT!

RHEIN-ROMANTIK

 ... rund um den Rolandsbogen

#39

Nirgends ist man dem Rheinmythos näher als am Rolandsbogen. In luftiger Höhe baute Roland hier einst seine Burg mit atemberaubendem Blick auf Rheintal und Siebengebirge. Was den treuen Ritter kaum interessierte, denn er schaute tagein, tagaus auf die Insel Nonnenwerth, wo seine Geliebte im Kloster darbte. Eine Reise auf den Spuren ewiger Liebe und Treue.

#KletterkunstamRhein #InselnimStrom #Federweißer&Zwiebelkuchen

Von hier oben schaute auch
der Ritter hinab zum Rhein
– nur in die andere Richtung,
zu seiner Liebsten.

Die Sage ist tragisch, denn Rolands große Liebe Hildegunde trat nur ins Kloster ein, weil sie dachte, ihr Ritter sei im Kampf gefallen. Die Kölner kennen eine ähnliche Geschichte, die von Jan und seiner Griet – vermutlich gefällt ihnen die Rolandsage deshalb so gut. Ein bisschen gefühlig sind sie dann ja doch.

Der Spaziergang startet am Rheinufer auf Bad Honnefer Seite. Hier tat Hildegunde vermutlich ihre letzten Schritte auf dem Festland, bevor sie nach Nonnenwerth übersetzte. Heute kann, wer mag, auch für nur einen Tag und eine Nacht hinter den Klostermauern verschwinden: Die Franziskanerinnen nehmen in einfachen Zimmern Gäste auf. Es bleibt zu hoffen, dass auch Hildegunde hier Ruhe und Besinnung erfuhr. Grafenwerth, das sich wie ein Riegel zwischen Ufer und Nonnenwerth schiebt, ist weitaus trubeliger. Über die Brücke geht's am Aalschocker Aranka vorbei auf die 260 mal 1200 Meter große Insel. Hinter dem Schiff ragt malerisch das Siebengebirge mit Burg Drachenfels auf – zusammen mit dem letzten deutschen Aalschocker das beliebteste Fotomotiv hier. Grün ist die Insel und im Mai sogar noch rosa getupft, wenn die Kirschen blühen. Spaziergänger lümmeln auf den Bänken, ein paar Jugendliche zeigen, was sie beim Slacklinen draufhaben, die weit-

läufige Liegewiese ist beliebter Rastplatz. Gut besucht ist auch das Inselfreibad – wen wundert's. Wo badet man schon mit Blick auf den Rhein? Eine Buhne führt nach Süden aufs Festland und zum Fähranleger, den es zu Rolands Zeiten noch nicht gab.

In wenigen Minuten ist man drüben auf seiner, der Remagener Seite. Schon auf der Fähre schiebt sich der ehemalige Bahnhof Rolandseck ins Bild – und spektakulär dahinter ein strahlend weißer Bau. Beides zusammen ergibt das Arp Museum, eines der schönsten Museen des Rheinlands. Selbst wem Arp nicht zusagt, wird von Richard Meiers gewagtem Museumsbau begeistert sein.

Kids nutzen Hans Arps Skulptur mit dem schönen Namen »Bewegtes Tanzgeschmeide« vor dem Museum gern ganz ungeniert als Kletterbaum. Auch gut. Das Museum im Rücken geht es wenige hundert Meter am

Hin & Weg: Von Bonn Hbf mit der Stadtbahn 66 bis Bad Honnef, ca. 70 Min.; zurück ab Bhf Rolandseck in ca. 45 Min.

Beste Zeit: Ganzjährig; die vielen Cafés, Biergärten etc. in Grafenwerth, am Fähranleger (beide Ufer), im alten Bahnhof (!), an der Straße zum Rolandsbogen sind von Frühjahr bis Herbst bewirtschaftet. Infos gibt's unter www.grafenwerth.de, www.arpmuseum.de, www.rolandsbogen.de

Dauer & Strecke: Je nachdem, wie schnell man sich am Rolandsbogen loseisen kann und ob man das Museum besucht, 6–7 Std., knapp 5 km zu Fuß; wer noch weiter wandern will (etwa die 7 km lange abwechslungsreiche Wanderung um den Rodderberg), braucht natürlich entsprechend länger.

Ausrüstung: Feste Schuhe, Schwimmzeug und die Kamera; evtl. ein Taschentuch, um die eine oder andere Träne zu trocknen.

Rheinimpressionen, die auch Hildegunde so oder ähnlich erlebt haben wird.

Rhein entlang und dann nach links und rauf zum Rolandsbogen. Der Weg schraubt sich über knapp 70 Höhenmeter nach oben, der Ritter wird ein Ross gehabt haben! Oben angekommen, heißt es erst einmal durchatmen. Weniger wegen des Weges – der Ausblick ist so unglaublich. Nach Alexander von Humboldt »einer der sieben schönsten Ausblicke der Welt«. Kein Wunder, dass der Rolandsbogen im 19. Jahrhundert das angesagte Wanderziel der Romantiker war.

Heute blickt man durch diesen Rest eines Burgfensters übrigens nicht mehr auf die Insel Nonnenwerth, sondern nach einem Wie-

deraufbau des Bogens vor gut 150 Jahren auf den Drachenfels. Ob Roland das gutgeheißen hätte? Wenn der Herbst das Laub bunt färbt, verwandelt sich die Uferstraße vom Museum zum Rolandsbogen übrigens in eine Federwei-ßer-und-Zwiebelkuchen-Meile. Lecker.

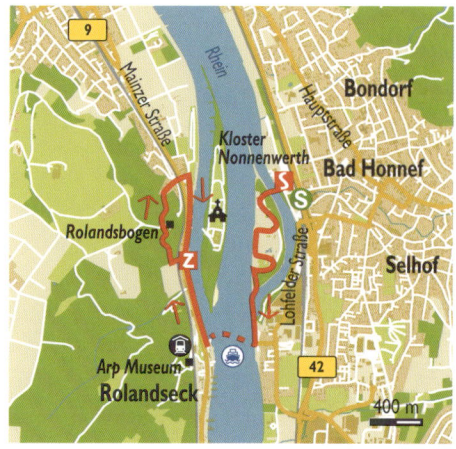

FAZIT: DER AUFSTIEG ZUR RHEINHÖHE IST KURZ, ABER NICHT OHNE. OBEN WARTET DAFÜR EIN TRAUMHAFTER AUSBLICK.

KUNST UND PILZE

… im idyllischen Alfter

#40

Zwischen Köln und Bonn versteckt sich ein Kleinod: das Städtchen Alfter. Hier gibt es nicht nur Fachwerkhäuschen und Waldgebiete, sondern auch noch ganz viel Kunst. Denn Bildhauerei-, Malerei-, und Schauspiel-Studenten bevölkern die Stadt und hinterlassen ihre Spuren.

#Landidylle #Pilzkopp #amAlfter #GlücksPilz

Das quittengelbe Alfterer Schloss, gepflasterte Gassen, Fachwerkhäuser und rundherum Wiesen und Wälder. Die ländliche Idylle scheint perfekt. Doch seitdem sich eine Hochschule für Kunst und Gesellschaft in der Kleinstadt niedergelassen hat, gibt es in Alfter noch mehr zu erleben. Ein Besuch des Campus 1 der Hochschule lohnt sich das ganze Jahr über. Der liegt oben auf dem Berg mit Blick auf das Siebengebirge und Bonn.

Wer die Wadenmuskeln trainieren möchte, wandert vom Stadtzentrum hoch zum Campus. Für alle anderen fährt ein Minibus. Hier oben gibt es neben dem herrlichen Blick noch jede Menge Kunst zu bestaunen. Auf einer Wiese stellen die Bildhauerei-Studenten ihre Werke aus. Schwarzer Granit aus Norwegen etwa, den die Studenten in stundenlanger Arbeit mit verschiedenen Techniken der

Steinbearbeitung gestaltet haben. Oder ein riesiges Erdhaufen-Labyrinth, aufgeschüttet in einem Halbkreis – ein lebendes Kunstwerk, welches langsam zuwächst.

Hinter der Wiese lockt ein ausgedehnter Waldspaziergang, besonders im Spätsommer und Herbst, wenn die Pilze sprießen. Natürlich sollte man nur mitnehmen, was schmackhaft und nicht giftig ist. Wer einen Pilz gefunden hat, dreht ihn vorsichtig heraus und deckt das Loch dann wieder mit ein wenig Erde ab. So können die Pilze weiter ihren Beitrag zum Erhalt des Ökosystems Wald leisten. Bei der Suche können Apps helfen oder, noch besser, ein Pilzbestimmungsbuch.

Ein Tipp: Der Steinpilz ist leicht zu erkennen und die Delikatesse eignet sich für vielerlei Gerichte. Nur nicht mit seinem Doppelgänger,

Am Anfang war die Form: die beeindruckenden Skulpturen der Bildhauerei-Studenten.

dem Gallenröhrling, verwechseln. Dieser ist nicht giftig, aber so bitter, dass er das Ende jeder schmackhaften Pilzpfanne bedeutet. Im Zweifelsfall kann ein »Zungentest« helfen.

Wer durch die Wälder streift, entwickelt schnell einen Pilz-Scanner-Blick und wird dabei innerlich ganz ruhig. Die Zeit vergeht wie im Flug. Nach so einem Tag kehrt man als Glückspilz nach Hause zurück – mit einem vollen Korb, ein wenig Dorfsehnsucht und viel Hunger.

Hin & Weg: Mit der RB2 bis Roisdorf und von dort mit dem Bus 882 zum Hertersplatz in Alfter.

Beste Zeit: Die Pilz-Saison startet im Spätsommer und geht bis Ende Oktober.

Dauer & Strecke: Ca. 4 Std. und 4,3 km zu Fuß.

Ausrüstung: Feste Schuhe, Proviant, Korb oder Papiertüte, Pilzbestimmungsbuch oder -App.

FAZIT: SCHÄTZE VIELERLEI ART LOCKEN NACH ALFTER – DER AUGEN- UND GAUMEN-SCHMAUS IST GARANTIERT!

3. KAPITEL
MINIURLAUB

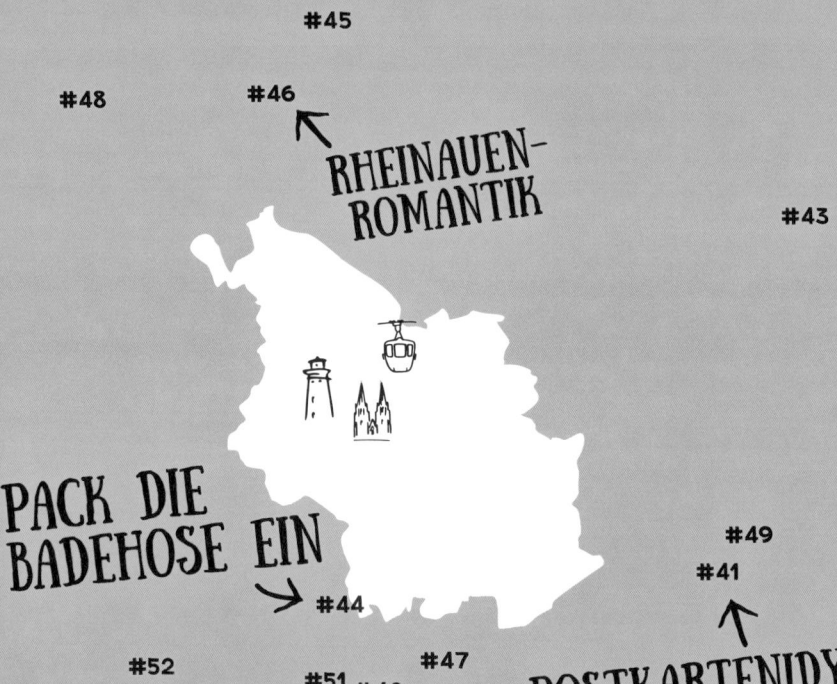

#50

#45

#48   #46

RHEINAUEN-
ROMANTIK

#43

PACK DIE
BADEHOSE EIN

#49
#41

#44

POSTKARTENIDYLLE
FÜR PRINZESSINNEN

#52   #51 #42   #47

Ferien für ein Wochenende

Seen und Flüsse, unendliches Grün – was braucht es mehr für ein Wochenendabenteuer? Nur allzu oft vergessen wir, welch wunderbar wilde Natur es direkt ums Eck gibt.

36 H

#41	Ausblicke wagen	Seite 174
#42	Hoch hinaus	Seite 178
#43	Tief einatmen	Seite 182
#44	Schwimm dich frei	Seite 186
#45	Purist für eine Nacht	Seite 190
#46	Naturschock	Seite 194
#47	Der absolute Wohnsinn!	Seite 198
#48	Bei den Riesen	Seite 202
#49	Viel Holz vor der Hütte	Seite 206
#50	Gans oder gar nicht!	Seite 210
#51	Winter Wonderland	Seite 214
#52	Zeitreise	Seite 218

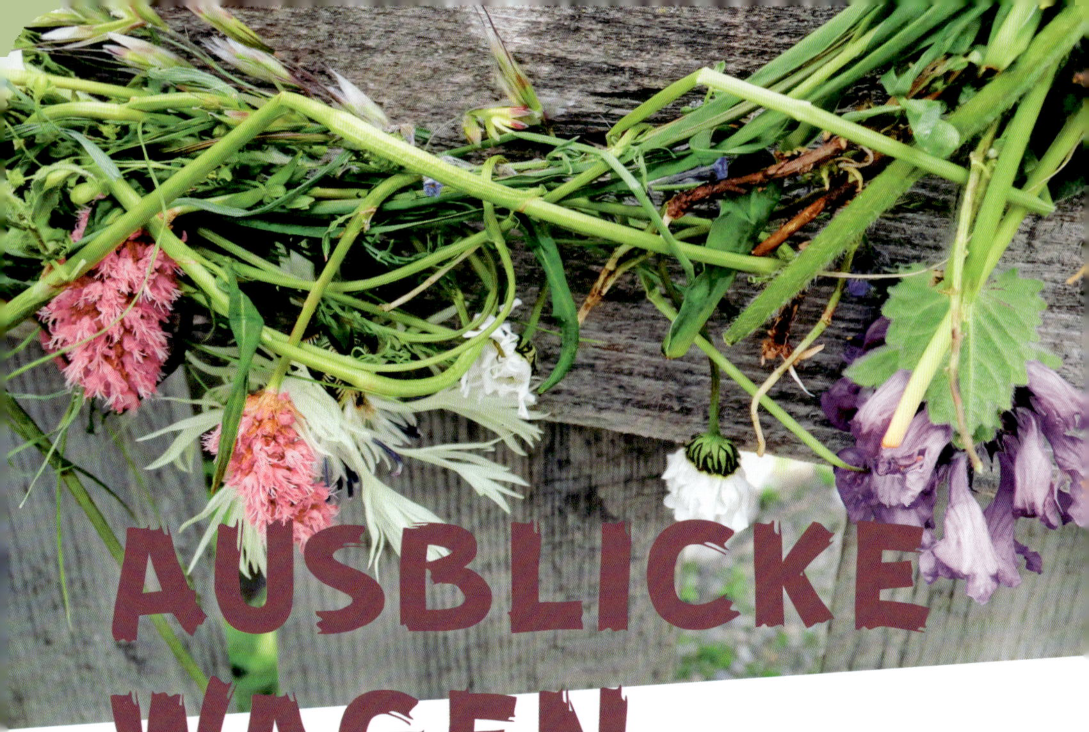

AUSBLICKE WAGEN

... Sieg-Wanderung im Windecker Ländchen

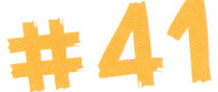

#41

Die Auenlandschaft der Sieg ist eine Reise wert. Gemütlich schlängelt sich der Fluss durchs offene Tal, freundlich, fast postkartenidyllisch. Abschalten passiert hier ganz von selbst. Nach steilen Auf- und Abstiegen mit Traum-Ausblicken wartet abends das Bett an der Sieg. Und der nächste Tag mit weiteren Fluss-Abenteuern.

#Wasserfallwonnen #überStock&Stein #Burgfräulein #schlaflosanderSieg

Schlossfräulein im Windecker Ländchen? Statt Krone einen Blumenkranz? Warum nicht!

Am Anfang der Wanderung sieht man Rot. Knallrot. Schladerns Bahnhof steht die Farbe gut. Feudal kommt er daher: Im Baustil gleicht er dem ehemaligen Windecker Schloss. Und dahin führt die Route jetzt: über den Mäanderweg in Richtung Krummauel. Der Sieg-Altarm bezirzt den Wanderer mit Erlenbruchwäldern und Schilflandschaften. Der Weg schraubt sich langsam den Schlossberg hinauf und überwindet auf zwei Kilometern 75 Höhenmeter. Doch die Anstrengung lohnt: Von der imposanten Burgruine bietet sich ein grandioser Blick über die Siegschleife. In dieser Kulisse einmal Prinzessin sein … Hier oben bleibt genug Zeit fürs Träumen oder für ein Picknick.

Wenn sich Prinz oder Prinzessin losreißen können, geht es auf demselben Weg bergab – weil's so schön war. Doch nicht bis zum Bahnhof, sondern nach rechts zum »Elmores« an die Sieg. Das einstige Kupferwerk hat sich zum Kulturzentrum gemausert. Mit idyllisch gelegenem Biergarten. Und Eisdiele. Wo einst Kupferrohre gezogen wurden, schwätzt man heute bei Bier oder Eistütchen mit Blick auf

Fast zu schön, um wahr zu sein: das Windecker Ländchen.

den Siegfall. Der übrigens nicht irgendein Wasserfall ist, sondern der größte Nordrhein-Westfalens. Auf einer Breite von 84 Metern stürzt er in mehreren Stufen über 4,50 Meter in die Tiefe. Donnernd. Und mit Wucht.

Man mag gar nicht aufstehen, so groß ist die Anziehungskraft des Wassers. Doch das Nachtquartier ruft – direkt am Fluss. Von der Siegbrücke in Richtung Mauel lohnt der Blick zurück auf den Wasserfall. Geradeaus liegt

Burg Mauel, eine von fünf alten Wehrburgen im Windecker Ländchen (www.burg-mauel.de). Hier kann, wer faul ist, morgen herrlich frühstücken. Der Weg führt heute aber nach rechts: ein kleines Stück an der Sieg entlang, dann einen Pfad steil hoch und an einer alten Fabrik vorbei durch den Wald. Begleitet vom Blick auf die Sieg zur Rechten. Ab und an sollte man auf seine Füße auf dem weichen Waldboden schauen, der Weg ist nicht ohne. Doch die abwechslungsreiche Landschaft lässt die Anstrengung rasch vergessen. Schließlich ist Dreisel und mit ihm das Nachtquartier direkt an der Sieg erreicht. Doch vorher noch schnell an einer der wilden Badestellen schwimmen ...

Am nächsten Tag ist keine Eile angesagt. Doch so viel sei verraten: Es wird abenteuerlich. Am Brunnen in Dreisel geradeaus und dann auf dem Lommerbruch immer weiter. Hört sich einfach an. Doch der schmale Forstweg, Teil des Natursteigs Sieg, verläuft links vom Fluss sehr steil am Seeberg entlang. Trittsicherheit ist gefragt – bis zur Siegbrücke bei Dattenfeld-Übersetzig. Hier wird es dann ganz idyllisch: mit Wiesen, Stromschnelle, Badeplatz, Bootsverleih und dem verspielten Blumencafé. Das einen Besuch allein schon wegen des leckeren Kuchens lohnt – und die Stücke sind riesig!

Nachdem die Prinzessin standesgemäß im Pipowagen geruht hat, rastet sie mit Ross und Ritter luxuriös auf einer Waldbank.

FAZIT: EIN WOCHENENDE AN DER SIEG, DAS ES IN SICH HAT. DIE WANDERTOUR IST ABENTEUERLICH, DAS BAD IM FLUSS (ER)FRISCH(END) UND DER KUCHEN NACH DER ANSTRENGUNG WILLKOMMEN.

Hin & Weg: vom Hauptbahnhof Köln mit dem RE Richtung Siegen bis Bahnhof Schladern, ca. 45 Min.; ab Bahnhof Dattenfeld S12, ca. 1 Std.

Beste Zeit: Ganzjährig möglich; aber wenn die Bäume kein Laub tragen, sind die Ausblicke noch schöner; für Baderatten ist der Sommer am besten.

Dauer & Strecke: 2 Tage; Wanderung ca. 4 Std. (ohne Pausen), 14 km; Abstecher zum Museumsdorf Altwindeck und zurück möglich, ca. 1,5 Std., 5,5 km, www.heimatmuseum-windeck.de

Ausrüstung: Kleiner Rucksack mit dem Nötigsten, sonst muss die Wanderung anders geplant werden; feste Schuhe.

Wenn es Nacht wird: Martina Semmler und Frank Schrötter sind Wahl-Dreiseler und glücklich an der Sieg. Daran wollen sie Gäste teilhaben lassen. Mit viel Liebe zum Detail sind ihre Ferienhäuser und -wohnungen und der historische Zirkuswagen in Dreisel bzw. Dattenfeld eingerichtet (www.siegtal-finca.de). Die Gastgeber bieten einen Abholservice. Alternative: Bikers Rast – der Name ist Programm, mit Campingplatz (www.bikersrast-dattenfeld.de).

HOCH HINAUS

⌐ … beim Bergsteigen in Altenahr ⌐

#42

Bergsteigen, das bedeutet Abenteuer, Bewegung für den ganzen Körper, viel frische Luft und immer wieder weite Sicht. NRWler sind ja eher als Flachländer bekannt. Da ist es gar nicht so einfach der Bergersteiger-Lust zu frönen. Doch es gibt sie auch hier: Gesteine, die den Wanderer in den Himmel tragen.

Wanderung zum Teufelsloch! Hier ist die Alte durchgeflogen.

Das Bergsteiger-Mekka Altenahr liegt gerade einmal 50 Kilometer von Köln entfernt und ist doch eine ganz andere Welt. Weinreben, Wiesen, Wälder, Flüsse und Berge, richtige Berge! Da schlägt das Herz höher, denn so atemberaubende Ausblicke und sagenumwobene Felsformationen hat man nun wirklich nicht oft in NRW. Hier befinden sich der Berg Schrock, die Engelsley und Teufelsley.

Eine Wanderung lohnt sich auch zum Teufelsloch. Was das ist? Nun, der Teufel besuchte einst das Tal der Ahr und verliebte sich direkt in die Leute und in den guten Wein. Eines Tages dann auch in ein wunderschönes Mädchen. Doch als er das Mädchen in den Armen hielt, verwandelte es sich zurück in eine alte Frau. Der Teufel war getäuscht worden! Darüber war er so verärgert, dass er die Alte durch einen Felsen hindurch ins Tal schleuderte. So

entstand das Teufelsloch, ein Fenster im Fels. Zu dem man heute hochwandern kann.

Doch mit dem Bergsteigen sollte man es langsam angehen lassen. Bis eine vertrauensvolle Freundschaft zu den Bergen entstanden ist, braucht es ein wenig Zeit – aber vor allem auch eine gute Planung, da viele Städter das Klettern nicht gewohnt sind. Am besten hört man sich mal im Bekanntenkreis um, denn hier sollte man auf keinen Fall ganz alleine wandern. Auch die Wetterlage muss beachtet werden, bei Regen besteht Rutschgefahr.

Doch nun keine Angst! Das Ahrtal ist auch auf den ungeübten Wanderer eingestellt, es gibt zahlreiche geführte Touren und auch leichte Routen. Gut informieren kann man sich auf der Webseite der Stadt Altenahr. Oder man kommt direkt im Outdoor-Mekka unter, dem

Ausblicke und Baumfreunde – es gibt viel zu genießen in Altenahr!

Steinerberghaus. Hier kann man übernachten oder zumindest einmal etwas schmausen, auf der Terrasse. Der Blick von hier oben reicht weit, bis auf die Hohe Acht, auf den Aremberg, auf den Rheinbacher Stadtwald und die Grafschaft – umwerfend!

Hin & Weg: Mit dem RB oder IC über Remagen zum Bahnhof Altenahr.

Beste Zeit: April–Oktober.

Dauer & Strecke: Für den 12 km langen Rundweg zum Teufelsloch und Schrock braucht man 4–5 Stunden; bei dem Allerlei an Touren kann man hier aber locker zwei Tage füllen, oder sogar eine Woche.

Ausrüstung: Feste Schuhe mit Profil, etwas Mut und weitere Infos, z. B. von www.altenahr-ahr.de.

Wenn es Nacht wird: Das Steinerberghaus (www.steinerberghaus.de) hilft beim Organisieren von Wandertouren und liegt so hoch, dass der Panoramablick aus jedem Zimmer garantiert ist!

TIEF EINATMEN

... in der Atta-Höhle und am Biggesee

#43

Tropf, tropf, tropf ... 400 Millionen Jahre. So alt ist Deutschlands größte Tropfstein- höhle. Noch lange bevor es überhaupt den Menschen gab, fingen hier tief im Fels Kristalle an sich zu bilden, Stalaktiten und Stalagmiten. Heute kann man sie bestaunen und dafür ein paar Tage am wunderschönen Biggesee verbringen.

Dieser Urlaub verspricht Erholung, für Körper, Geist und vor allem für die von verschmutzter Luft geplagte Lunge. Das geschieht ganz natürlich durch die grüne, hügelige Umgebung des Biggetals und insbesondere bei einem Besuch der Atta-Höhle.

Tropfsteinhöhlen sind wunderliche Welten. Hier unten wirkt die Luft heilend, sie ist völlig frei von Schadstoffen. Ganz egal, wie das Wetter draußen ist, tief in der Erde sind es immer 9 Grad und 95 Prozent Luftfeuchtigkeit. Man taucht ein unter die Erdoberfläche, dorthin, wo die Zeit ganz anders läuft.

Durch einen langen Stollen gelangt man in die Höhle, aber nur im Rahmen einer Führung. Man erfährt viel über die Entstehung der Höhle und ihre Entdeckung im Jahr 1907 und

passiert dabei märchenhafte Kulissen. Die Gesteinsgebilde sehen aus wie Fabelwesen. Sitzt da nicht ein Wichtel oder ein kleiner Elefant? Selbst ohne viel Fantasie wird man in den Bann gezogen von diesen merkwürdigen Gebilden, die durch Kalkablagerungen entstehen. Tropft es, bilden sich Stalaktiten, die stehenden Säulen, oder Stalagmiten, die wie Zapfen von der Decke hängen. Läuft das Wasser an der Decke entlang, entstehen Sinterfahnen, die »Gardinen«. Zehn Millimeter in zehn Jahren wächst eine Säule. Wer rechnen kann, weiß, dass schon eine kleine Säule alt ist, sehr alt. Auch Kristalle gibt es in der Höhle. Die Welt oben ist weit, weit weg.

Doch so viel gesunde Luft macht hungrig. Deswegen zurück in der Oberwelt erst mal eine Stärkung. Zum Beispiel bei der freundlichen

Städte, religiöse Symbole oder den Weihnachtsmann –
mit ein bisschen Phantasie kann man viel erkennen in
den wunderlichen Formationen der Atta-Höhle.

Familie Milos im Restaurant Dubrovnik ([www.
dubrovnik-attendorn.de](http://www.dubrovnik-attendorn.de)). Hier gibt es kroati-
sche und internationale Küche. Danach folgt
der Verdauungsspaziergang zur Schlafstätte,
oder man ruft beim Campingplatz an und lässt
sich am Attendorner Bahnhof abholen.

Auch die Übernachtung wird nochmal höh-
lenhaft. Diesmal aber bitte mit mehr als neun
Grad! Es geht in ein gemütliches Schlaffass,
hier ist alles aus Holz und richtig kuschelig.
Die Gegend rund um die Atta-Höhle lockt zum
Verweilen. Direkt beim Campingplatz liegt der
mächtige Biggesee, der zum Wandern, Baden,
Wassersporteln, Picknicken und vielem mehr
ruft. Vor allem kann man hier nochmal eines,
bevor es zurück in die Stadt geht: Tief ein- und
aufatmen.

**FAZIT: EINE WELT VOR UNSERER ZEIT, EIN
WOCHENENDE IN ZEITLUPE.**

Hin & Weg: Mit dem ICE, dem RE oder der RB zum
Bahnhof Attendorn.

Beste Zeit: Immer, denn die Atta-Höhle
(www.atta-hoehle.de) ist von Jahreszeiten unberührt
und die Schlaffässer auf dem Campingplatz auch!

Dauer: Ein Wochenende mit open end, am Biggesee
kann man schier ewig bleiben.

Ausrüstung: Mindestens eine warme Jacke für die
Höhle.

Wenn es Nacht wird: Ab ins Schlaffass vom
Biggesee Campingplatz an der Waldenburg Bucht
(www.biggesee-camping.de).

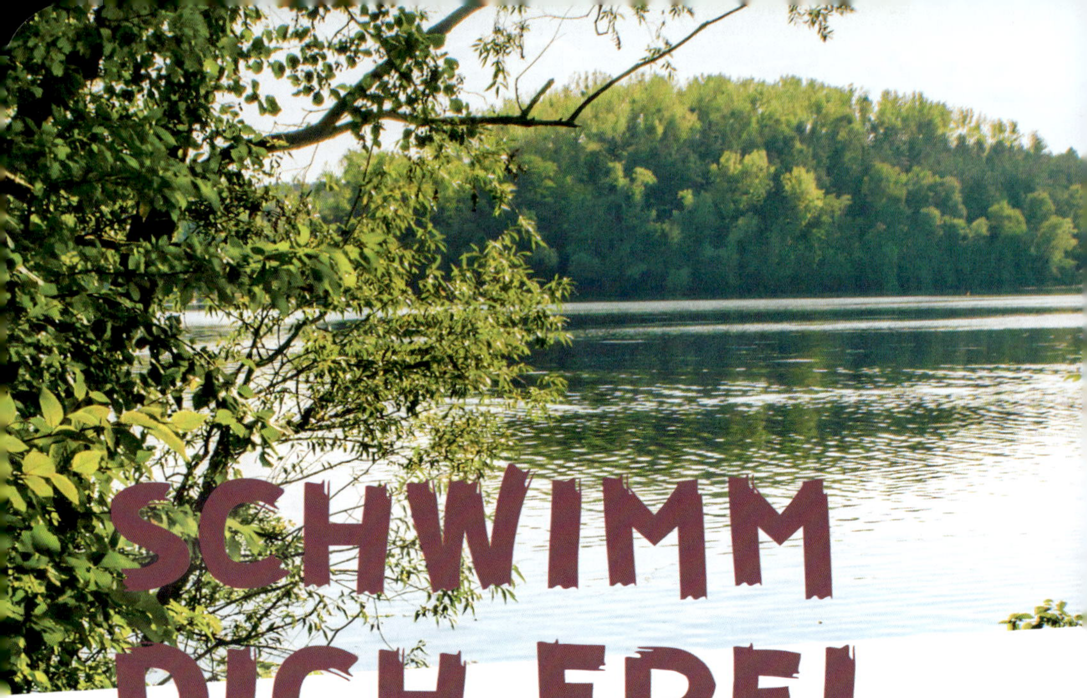

SCHWIMM DICH FREI

... am Heider Bergsee

#44

Lust auf planschen, tauchen, schwimmen? Kapitän auf dem eigenen Bötchen sein? Den Sonnenuntergang zur blauen Stunde am Wasser genießen? Mitten in der Natur aufwachen? Das alles kann der Heider Bergsee – und ist doch nur 20 Kilometer von Köln entfernt.

#packdieBadehoseein #Campingfreuden #Villeseen #Wassermarsch!

Die Enten sehen ganz so aus, als hätten sie für heute genug vom Schwimmen. Sie haben den See ja auch jeden Tag für sich...

Ein sonniges Sommer-Wochenende, ein Zelt und ein VRS-Ticket – das ist alles, was es braucht. Für Figur und Feeling noch schöner ist die Anreise mit dem Rad. Wem das alles nicht passt, der nimmt den Wagen und erreicht nach nur 30 Minuten den Campingplatz Heider Bergsee bei Brühl, eine kleine Idylle vor den Toren der großen Stadt.

Mini-Zelte dürfen direkt auf der Wiese am Strandbad aufgestellt werden, neben dem großen Platz für die Dauercamper mit Wohnwagen. Letztere haben dem Kurzcamper die gepflegten Vorgärten, Zierbrunnen, Gartenzwerge und die Wäscheleine voraus. Dafür haben sie keinen direkten Seeblick. Ritschratsch, Zelt morgens aufgezippt – da

liegt es vor einem, das Wasser. Und die Badesachen kann man zum Trocknen zur Not auch in die Bäume hängen.

Auf dem Platz geht es ganz familiär zu, ungezwungen, locker, um nicht zu sagen: rheinländisch. Man ist schnell beim Du und sitzt am Abend dann halt gemeinsam vor dem Zelt oder im Biergarten, wo noch richtig gegrillt und nicht »gebarbecued« wird. Klar auch, dass Pommes rut-wieß auf der Karte stehen. Und, besonders bei Kindern beliebt, das schockfarbene Kratzeis. Pänz, um beim Kölschen zu bleiben, gibt es hier viele. Ruhe steht bei diesem Campingplatz nicht an erster Stelle, sondern Fröhlichkeit und Lebenslust. Wer nicht nur am See abhängen will – kein Problem.

Und ab in den See! Es ist für jeden etwas dabei: schwimmen, paddeln oder einfach nur ausruhen.

Denn der 35 Hektar große Tagebausee liegt mitten im Naturpark Rheinland und gleich an mehreren Wanderrouten. Samstag ausruhen, planschen, Sonntag wandern. Ein guter Plan!

Also heißt es am Sonntag: raus aus den Federn, vor dem Zelt frühstücken, rein ins Wasser, raus aus dem Wasser und los. Badehose nicht vergessen! Denn feucht bleibt es auf der Runde durch die Ville-Seenplatte. Sie besteht aus kleineren und größeren Seen, die durch den Tagebau im rheinischen Braunkohlerevier im 19. und 20. Jahrhundert entstanden sind. Die Seenrunde streift auf knapp 18 meist schattigen Kilometern gleich acht Seen! Drei eignen sich zum Baden: neben dem Heider Bergsee noch Liblarer See und Bleibtreusee. Bei letzterem kann man sogar Pirouetten mit Wasserski oder Wakeboard hinlegen.

Der leichte, ebene Weg verläuft meist durch Waldgebiet, mal über Asphalt. Das Routenlogo ist ein nicht zu übersehendes großes S,

Hin & Weg: Stadtbahn-Linie 18 bis Brühl-Mitte oder RE22 (Richtung Gerolstein) bis Erftstadt, dann Bus 990 (Richtung Brühl-Mitte) bis Haltestelle Heider Bergsee, insgesamt ca. 45 Min. (www.heiderbergsee.de).

Beste Zeit: Sommer. Der Campingplatz ist ganzjährig geöffnet.

Dauer & Strecke: 2 Tage. Die Seen-Wanderung dauert 5–6 Std., 18 km zu Fuß (detaillierte Infos gibt's unter www.naturpark-rheinland.de/seenrunde).

Ausrüstung: Zelt, Isomatte, Schlafsack, Badesachen, Wanderschuhe. Und viel gute Laune.

Wenn es Nacht wird: Der Campingplatz Heider Bergsee verfügt über schattige Plätze auf der Wiese am See, Seebad mit feinsandigem Strand, Restaurant mit Biergarten, Kiosk und Gruppenduschen sowie WCs. Einfach, aber völlig ausreichend.

der Weg beginnt direkt rechts vom Strandbad, dann in Richtung Norden halten. Die Seenrunde ist gut in fünf Stunden zu schaffen ... wenn man nicht direkt gegenüber vom Strandbad hängen bleibt: Dort ragt ein umgestürzter Baum weit auf den See hinaus und dient als Sprungbrett ins kühle Nass. Was verdammt viel Spaß macht.

Viele schattige Kilometer später lockt der freundliche Wasserturm-Biergarten in Brühl.

Irgendwann aber muss man die Zelte abbrechen und es geht zurück in die Großstadt. Macht ja nichts, der nächste Urlaub liegt ja glücklicherweise vor der Tür!

FAZIT: RAUS AUS KÖLN, REIN IN DIE NATUR. DIE VILLE-SEENPLATTE MACHT ES MÖGLICH. CAMPEN AM HEIDER BERGSEE MACHT FROH, EINE WANDERUNG UM DEN ODER DIE SEE(N) AUCH!

PURIST FÜR EINE NACHT

 ... im Parkhotel BernePark in Bottrop-Ebel ⤡

#45

Ab in die Röhre! So lautet das Motto fürs Übernachten im Bottroper BernePark, einem der Dauer-Kunstwerke der Emscherkunst 2010. Dass ein Hotelzimmer immer eckig sein muss, steht ja nirgends geschrieben. Und die fünf Kanalröhrenzimmer sind bei Zivilisationsmüden und Durchreisenden längst zum Dauerbrenner geworden.

#abindieRöhre #rundesHotelzimmer #payasyouwish #SternenhimmelBullauge

Geschickt hat der österreichische Künstler Andreas Strauss den Raum genutzt. Alles da, was man braucht!

Einen Tisch, zwei Stühle und ein Bett hatte der alte Mann in der berühmten Geschichte »Ein Tisch ist ein Tisch« von Peter Bichsel. Ganz so luxuriös geht es in den Abwasserröhren des Parkhotels im BernePark nicht zu: Hier gibt es ein Bett, ein Regalbrett und eine Nachttischlampe – das war's. Dazu Hüttenschlafsäcke, Wolldecken, Kissen, eine Staukiste, eine Steckdose. Fertig.

Große Ansprüche darf man an den drei Meter langen und 11,5 Tonnen schweren Unterschlupf mit den 2,40 Meter Durchmesser nicht stellen. Doch gerade das reizt die Hotel-

bewohner nach Ansicht des österreichischen Künstlers und Initiators Andreas Strauss. Es kommen vor allem Alltagsmüde, die keine Lust auf Konsumterror und Bespaßung haben und sich »temporär, anonym und ganz legal wegsperren« lassen. Strauss, der sich schon lange mit dem öffentlichen Raum beschäftigt, hat hier einen Raum im Raum geschaffen.

Die fünf Zylinder, alle sind gleich ausgestattet und unterscheiden sich nur durch das Wandgemälde am Kopfende, stehen in einem permanenten Kunstwerk, einem Erbe der Emscherkunst 2010, dem BernePark.

191

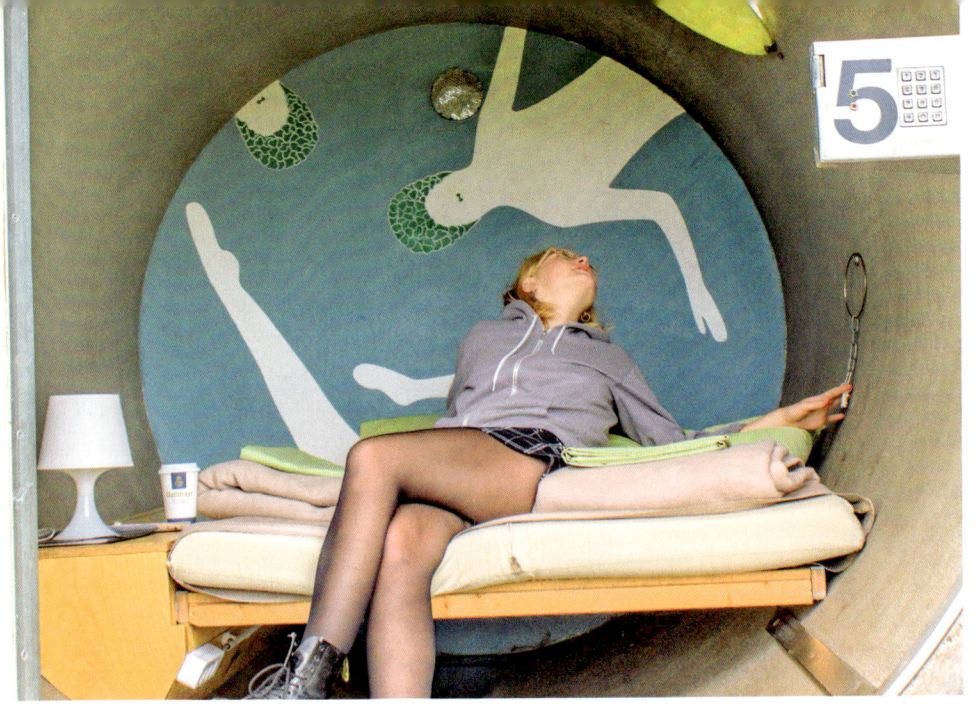

Ein Bett, ein Brett, eine Lampe – viel braucht es nicht zum Glücklichsein.

Das ehemalige Klärwerk erhielt eine neue Bestimmung: Ein Klärbecken wurde mit mehr als 21 000 Blumen, Gräsern und Stauden zum Theater der Pflanzen. Seinen Außenrand beleuchten nachts LED-Bänder, die der deutsche Lichtkünstler Mischa Kuball schuf. Sobald es dunkel wird, laufen die Lichtringe um das Becken – und die Hotelbewohner sitzen in der ersten Reihe. Sie gucken nicht in die Röhre, sondern aus der Röhre auf die Installation.

Korrespondierend zur Installation hat der Konzeptkünstler Lawrence Weiner einen Schriftzug auf dem ehemaligen Betriebspavillon hinterlassen, der nur tagsüber zu sehen ist: »Catch as catch can« – »Nimm's, wie's kommt!« Das zweite Klärbecken wurde als Wasserbecken belassen, mit Brücke und Holzplattform zum Sonnen und Picknicken.

Die Anlage hat fast 40 Jahre lang Abwässer geklärt – an diese Vergangenheit knüpft Strauss mit seinen Abwasserröhren an. In denen es übrigens überraschend geräumig ist. Für zwei Leute und die eine oder andere kleine Spinne ist Platz satt.

Hin & Weg: Das Parkhotel BernePark liegt direkt am Emscher Radweg. Mit der Bahn zum Hbf Essen, dann weiter mit der S-Bahn 16 bis Haltestelle Ebel.

Beste Zeit: März–Ende September buchbar; am schönsten, wenn's warm und grün ist.

Dauer: 2 Tage.

Ausrüstung: Rechtzeitig für Frühstück sorgen!

Wenn es Nacht wird: Das eigene Kanalröhrenzimmer buchen unter www.bernepark.de/parkhotel; Pfand im Restaurant hinterlassen; max. 2 Übernachtungen; Toiletten und Duschen liegen im Wäldchen hinter den Röhren.

Einst Kläranlage, heute Industriedenkmal mit offener Parkanlage. Die Emscherkunst 2010 machte es möglich.

Von Mittwoch bis Samstag lädt das benachbarte Restaurant im Maschinenpark ab mittags zu Ruhrpottküche; fürs Frühstück sorgt der Gast selbst. Eine Rezeption sucht man vergebens, gebucht wird online, es gibt einen Zugangscode – und das Schöne: Der Künstler besteht auf dem Prinzip »Pay as you can«. Jeder lässt für Putzfrau und Wartung da, was er mag. Denn: »Das Parkhotel versteht sich grundsätzlich und vor allem als Gastfreundschaftsgerät.«

Übrigens: Am schönsten ist ein Besuch der Röhren im Rahmen der Berne-Radroute von Essen aus (www.emscher-weg.de/route/berne-route; Leihräder gibt bei www.revierrad.de).

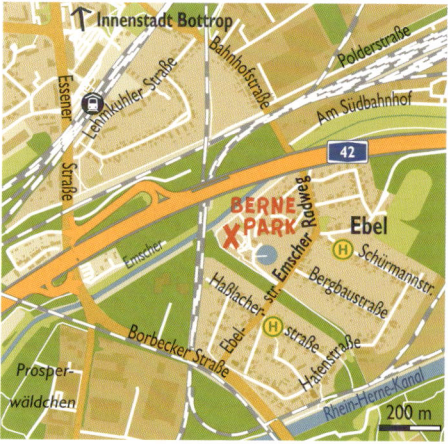

FAZIT: SCHLAFEN IM INDUSTRIEDENKMAL UND IN EINER RÖHRE – DAS IST WOHL EINZIGARTIG. NACHTS GIBT'S EINEN WAHNSINNSBLICK AUF DIE LICHTINSTALLATION UND DURCHS RÖHREN-BULLAUGE IN DEN STERNENHIMMEL.

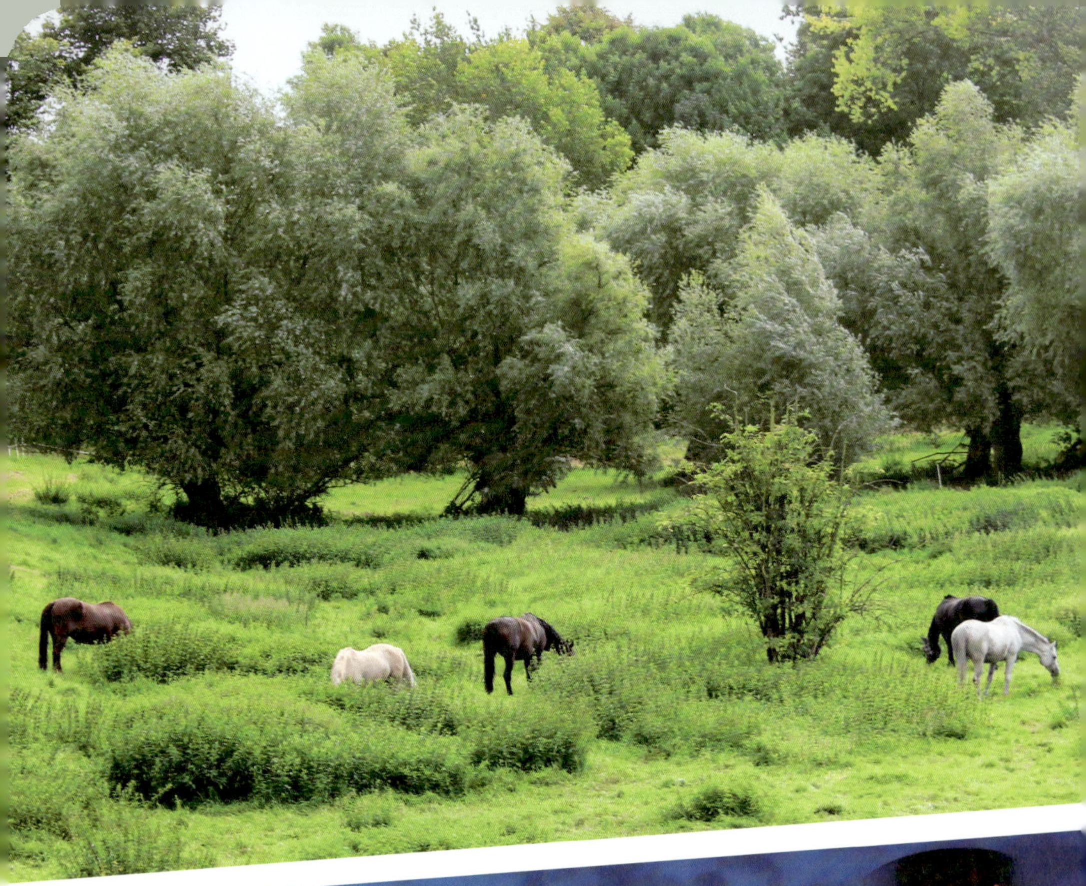

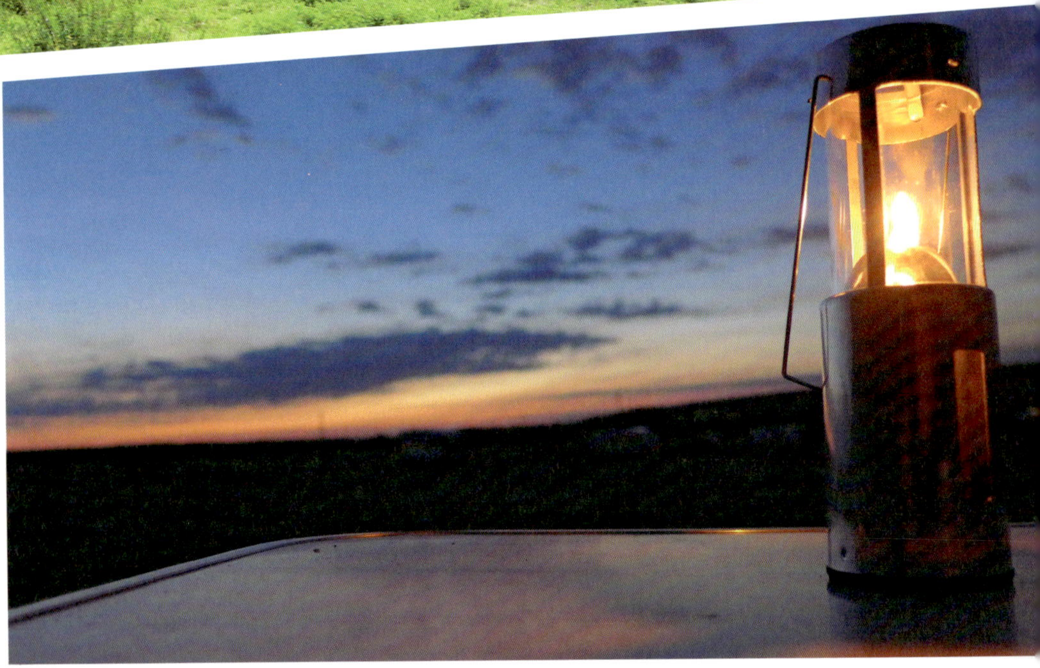

NATUR-SCHOCK

... beim Rheincamping in Meerbusch

#46

Eine überwachsene Ruine, ein beschau-
liches Dorf, der gemütlich dahinfließende
Rhein und eine Fahrt mit Michaela II.
Was sonst noch geht? Nichts! Und das
ist auch gut so. Ein ganzes Wochenende
mit Feld, Fluss und Forst. Seele baumeln
lassen ist angesagt.

Nicht jeder Kölner hört es gerne; doch die Nachbarstadt Düsseldorf hat wirklich schöne Ecken. Im Norden der Landeshauptstadt etwa befindet sich das kleine Kaiserswerth. Kaum zu glauben, dass es sich hierbei um einen Stadtteil der Metropole handelt.

Unberührte dörfliche Atmosphäre schlägt einem schon entgegen, wenn man die Bahnhaltestelle verlässt. Der Dorfkern beim Klemensplatz ist gesäumt von Häusern aus der Barockzeit. Mittwochs gibt es hier einen Markt und da sollte man sich die frischen Fischbrötchen nicht entgehen lassen. Doch auch an anderen Tagen gibt's hier Allerlei zu entdecken.

Nach wenigen Minuten Schlenderei hat man das Ufer von Väterchen Rhein erreicht. Hier erstrecken sich mächtige Lindenalleen, oft erfüllt die Musik von Akkordeonspielern die Luft und Bänke laden zum Verweilen ein. Das Ufer ist von großen historischen Bauten gesäumt. Geht man noch ein kleines Stückchen weiter nach links, taucht da plötzlich ein ganz besonderes Gemäuer auf. Es ist die Ruine Kaiserpfalz, sie gehörte einst dem sagenumwobenen Kaiser Barbarossa.

Obgleich schon über 1300 Jahre alt, halten die dicken Mauern stand, jedenfalls ein Teil davon trotzt weiter Wind und Wetter und Hochwasser. Die verwunschene Ruine kann in den Sommermonaten auf eigene Faust erkundet werden. Ein Ort voller Zeitgeschichte, an dem man trotzdem schnell die Zeit vergessen kann.

Nach dem Besuch kann man sich direkt nebenan stärken, im Restaurant Galeria Burghof

Urgestein? Die Ruine Kaiserspfalz wurde im Jahre 900 von Mönch Suitbert als Kloster errichtet.

mit schönem Biergarten am Wasser (www. galerie-burghof.de). Weiter geht es am Rhein entlang, man folgt dem Fährerweg über ein Bächlein und durch die Wiesen, bis er plötzlich bei der Fähre endet. Die treue Michaela II fährt hier bei Bedarf und bringt einen an das andere Ufer nach Meerbusch.

Dort liegt auf der rechten Seite der Rheincampingplatz, idyllisch hinten Feldern, neben Wälder, und alles direkt am Rhein. Hier lässt sich wirklich gut für ein paar Tage das Lager aufschlagen! Eine kleine Büchertauschbörse gibt es auch und dem faulen Rumhängen steht nichts mehr im Wege.

Der Rheinwanderweg kann am nächsten Tag erkundet werden, schließlich ist man inmitten eines Naturschutzgebietes, direkt bei einem der schönsten Uferabschnitte. Oder am übernächsten ...

FAZIT: STILLE, NICHTS ALS STILLE. WER ZUM SCHLAFEN DEN STADTLÄRM VERMISST, DEM KANN HIER NICHT GEHOLFEN WERDEN.

Hin & Weg: Nach Düsseldorf Hauptbahnhof und von dort zum Klemensplatz mit der U79. Fährplan auf www.rhein-faehre.de/langst-kaiserswerth

Beste Zeit: Anfang April – Mitte Oktober.

Dauer: Am Campingplatz kann man schier endlos Rumeumeln, mindesten jedoch sollten es zwei Tage sein. Die Wanderung vom Klemensplatz zur Fährhaltestelle sind nur gemütliche 2 km.

Ausrüstung: Campingausrüstung, Proviant.

Wenn es Nacht wird: Rheincamping Meerbusch (www.rheincamping.com), frische Brötchen gibt es hier jeden Morgen, ansonsten besser in Kaiserswerth nochmal zum Supermarkt.

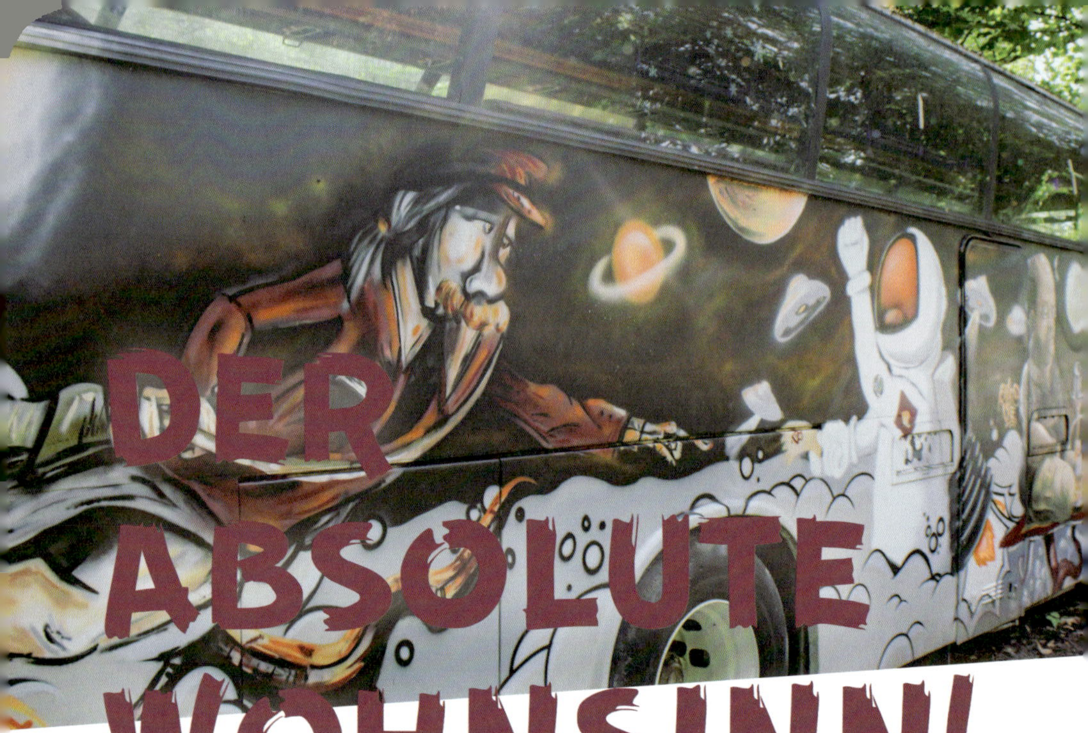

DER ABSOLUTE WOHNSINN!

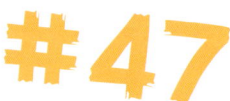

... im BaseCamp Hostel Bonn

#47

Campen ist ja prima, aber das Wetter ... Für Weicheier und Retro-Liebhaber empfiehlt sich daher das BaseCamp Bonn mit Indoorcamping, wo nostalgische und teils kuriose Schlafstätten warten. Wer es schafft, sich loszureißen, ist schnell in den Rheinauen.

#oldiesbutgoldies #Rheinaue #Trödelnerlaubt #vonKois&Elefanten

Genial, wer sich das ausgedacht hat! Campen unabhängig von Wind und Wetter ...

Man nehme eine alte Lagerhalle, ein gutes Dutzend alter Wohnwagen, ein paar Airstreams, ausrangierte Schlafwagen der Bahn, einige Minibusse und Transporter. Entwickle eine Vision und engagiere eine Filmausstatterin. Erfülle alle Auflagen und Verordnungen, viele, sehr viele. Und eröffne am Ende eines steinigen Weges das BaseCamp Hostel Bonn. 2014 war es so weit, seither schreibt es Geschichte.

Um die Halle richtig auf sich wirken zu lassen, steigt man am besten hinauf in die Frühstücks- und Lounge-Etage. Von oben fällt der Blick auf ein buntes Potpourri an Wagen. Jeder einzelne ist thematisch anders gestaltet; zwei Monate

durfte Filmplastikerin Marion Seul an jedem Objekt werkeln. Und die hat sie gut genutzt.

Bei der Drag Queen etwa, die ganz in Rosa und in Plüsch daherkommt. Liebevolle Details schmücken den Wohnwagen aus den Fünfzigern: die hochhackigen Schuhe, die plüschigen Barhocker, die lebensgroße vollbusige Marilyn-Puppe, der Federboa-Klunker-Kopfschmuck, der Barbie-Freund Ken, der sich vor dem Spiegel räkelt, und – das Highlight – die Plüsch-Handschellen. Bei der Vermietung hatte man an Barbies und Kens, an eine Honeymoon-Suite gedacht. Besonders beliebt ist die Drag Queen indes bei kleinen Mädchen mit Prinzessin-Lillifee-Faible. Dass die Handschel-

Ganz schön bunt vs. ganz viel Grün – bei diesem Bonn-Wochenende ist beides möglich.

len und Räkel-Ken vor dem Bezug durch die Familien verschwunden sind, ist Ehrensache.

Das Personal ist ausgesprochen aufmerksam, für jeden Gast hat es ein offenes Ohr, zu jedem Gefährt eine Anekdote. Es sei hier tatsächlich wie auf einem echten Campingplatz, die unterschiedlichsten Menschen würden miteinander ins Gespräch kommen. So fänden sich etwa die Plüschsessel des Big Ben morgens beim Aufräumen hinter dem rustikalen Zaun der Jägerhütte (sehr beliebt bei asiatischen Gästen) oder die himmelblauen Stahlrohrstühle des Spaceshuttles neben den Autositzen des Formel-1-Wagens. Platz fürs Schnacken bietet sich auch draußen im Biergarten oder vor dem Burger&Pommes-Mobil, einem alten US-Schulbus. Auch auf dem Außengelände lässt sich prima abhängen und die Zeit vertrödeln ...

Doch irgendwann heißt es, sich losreißen. Schließlich war man ja gekommen, um den Flohmarkt in den Rheinauen zu besuchen,

Hin & Weg: Vom Bonner Hbf U16, 63 oder 66 bis Haltestelle Deutsche Telekom / Ollenhauerstraße (Gronau Ollenhauerstraße), dann ca. 7 Min. zu Fuß.

Beste Zeit: Ganzjährig, die Halle ist beheizt.

Dauer & Strecke: 2 Tage. Zu den Rheinauen sind es ca. 20 Min. und 1,5 km zu Fuß (alternativ: mit der U66 bis Ramersdorf).

Ausrüstung: Eigentlich ist alles da, evtl. Sekt zum Anstoßen ... Wer hat, eine Schlafmaske für den Blindengarten mitbringen.

Wenn es Nacht wird: Das BaseCamp ist ein günstiger und origineller Ort zum Übernachten (www.basecamp-bonn.de): in ca. 15 Wohnwagen, mehreren Airstreams, einem Camping-Trabbi (!), einer Original-Gondel aus Graubünden, VW-Transportern und vielem mehr.

einen der schönsten Europas (www.flohmarkt-rheinaue.de). Überhaupt ist der Bonner Rheinauenpark eine kleine Oase – auch ohne Flohmarkt: eine hübsche Hinterlassenschaft der Bundesgartenschau des Jahres 1979. In diesem Jahr entstand auch der bezaubernde Japanische Garten, den man übrigens gegen den Uhrzeigersinn erwandert. Warum? Die Kois im Teich wissen die Antwort nicht. Und auch der Wasserfall murmelt nur leise vor sich hin und gibt keine Antwort. Statt Edel-Karpfen locken im Blindengarten ein Elefant und ein hübsches Gleichnis. Und dann heißt es, Augen verbinden und (er)riechen, was hier wächst. Wetten, es ist schwieriger als gedacht? Ach ja: Schummeln verboten!

FAZIT: HIER WERDEN SELBST CAMPING-HASSER GLÜCKLICH. UND WEM ES GELINGT, DIE HEILIGEN HALLEN ZU VERLASSEN, STELLT FEST, DASS DIE ALTE BUNDES-HAUPTSTADT MEHR ALS BÖTCHENFAHREN UND MUSEEN IN PETTO HAT.

BEI DEN RIESEN

... in Kaldenkirchen im Nettetal

#48

Kühe melken, jeden Tag in einem anderen See baden und echte Mammutbäume sehen. Das klingt zu schön, um wahr zu sein? Für solche Urlaubsträume muss man nicht bis nach Kalifornien fahren. Das Kalifornien Deutschlands heißt Nettetal – und hier ist es wirklich mehr als nur nett!

An der holländischen Grenze, mitten im Naturpark Schwalm-Nette liegen das Nettetal und das Städtchen Kaldenkirchen. Für einige ist diese Region ein Begriff, weil im nahegelegenen Ort Roermond regelmäßig die Designer-Outlets leer gekauft werden. Dieser Kurzurlaub verspricht jedoch etwas ganz anderes.

Geschlafen wird auf einem echten Bauernhof. Der Enkenshof wird familiär geführt, und hier können Stadtkinder ihre Bullerbü-Träume endlich wahr werden lassen. Kälbchen füttern und mit Kätzchen schmusen, Fische angeln oder Kühe melken, es gibt viel zu erleben. Es ist die Gelegenheit, von Familie Kaffill etwas über Landwirtschaft zu lernen. Doch auch die Gegend um den Hof herum ist verlockend. Über zwölf Seen versprechen Abkühlung nach einem Tag auf dem Bauernhof. Besonders schön sind die Krickenbecker Seen, hier

befinden sich auch die Heronger Buschberge und die Wankumer Heide. Also rein in feste Schuhe und ab in die Heidelandschaft. Nach einem ausgedehnten Spaziergang kann man im Restaurant des Campingplatzes De Wittsee (www.dewittsee.de) frischen Fisch mit Seeblick verputzen und fällt danach garantiert todmüde in die Federn.

Am Sonntag steht ein besonderer Ausflug an. Auf dem Enkenshof mietet man sich hierfür Fahrräder und radelt einmal durch das Städtchen Kaldenkirchen zu einer Sequoia-Farm. Ja genau, Sequoia, die Mammutbäume! Auf 35 635 Quadratmetern starteten Illa und Ernst Martin 1947 hier die erste systematische Kultivierung von Mammutbäumen in Europa. Mit ein paar kleinen Samen ging es los. Damals war hier nach einem Waldbrand nur tristes Ödland, heute wachsen neben Berg-, Urwald- und Küstenmammutbäumen auch viele andere seltene Pflanzen. Von China über Mexiko, vom Nordiran bis in die USA, die Hölzer und Gewächse stammen aus der ganzen Welt. Das gefällt auch den vielen Vöglein, die den Park mit ihrem Gesang anfüllen. Im Park kann man sich über die Pflanzen und Bäume informieren, die bewegte Geschichte der Farm erfahren, Baumringe zählen, und wer möchte, kann gleich ein Baumpate werden. Oder einfach ehrfürchtig innehalten, wenn man vor so einem Riesen steht. Da wird der Mensch ganz klein und kommt sich gar nicht mehr so wichtig vor ...

Tipp: Wer mehr als ein Wochenende Zeit hat, kann natürlich noch länger dem Bauernhof-Leben frönen oder aber weitere Ausflüge in

die Umgebung machen. Nach Holland ist es nur ein Katzensprung und hier gibt es den tollen Nationalpark DeMeinweg, wo man herrlich reiten kann, oder die Seenplatte bei Roermond, für wasservolle Tage.

FAZIT: EIN WOCHENENDE FÜR ALLE SINNE, MIT UNVERGESSLICHEN MOMENTEN UND BESONDEREN BEKANNTSCHAFTEN.

Hin & Weg: Mit dem RE von Köln über Mönchengladbach zum Bahnhof Kaldenkirchen.

Beste Zeit: Am schönsten von Frühling bis Herbst. Die Sequoia-Farm ist nur an Sonn- und Feiertagen geöffnet (www.sequoiafarm-kaldenkirchen.de).

Dauer & Strecke: Die Seenwanderung dauert etwa 5 Std. und 16 km, der Besuch bei der Sequoia-Farm 3 Std.

Ausrüstung: Feste Schuhe, Kamera und Klamotten je nach Jahreszeit, mehr Infos zu Wanderungen und Aktivitäten gibt es bei Familie Kaffill

Wenn es Nacht wird: Leben auf dem Bauernhof, das kann man bei Familie Kaffill auf dem Enkenshof, geschlummert wird im »Storchennest« oder im »Heuboden« (www.enkenshof.de).

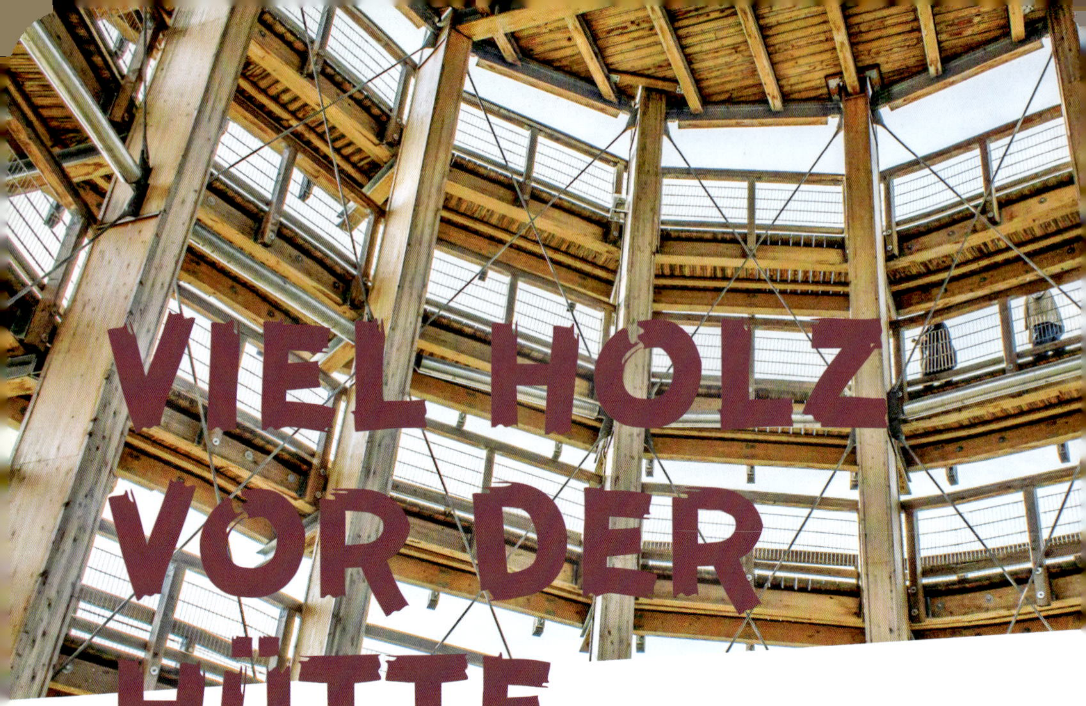

VIEL HOLZ VOR DER HÜTTE

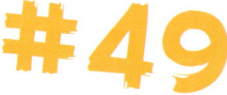

… im Naturerlebnispark Panarbora

#49

Wer beim Stichwort Jugendherberge an riesige Schlafsäle, eine muffige Einrichtung und Kantinenessen aus der großen Kelle denkt, der wird sich in Waldbröls Jugendherberge Panarbora umgucken. Und erfreut feststellen: Früher war doch nicht alles besser.

#Höhenrausch #Kindheitstraum #abindiePilze #vonZwergenundElfen

Durch die Baumwipfel wandeln, ein irres Gefühl!

Zuerst zum Namen. »Panarbora« – Pana ... was? Er setzt sich zusammen aus den Begriffen Pan, griechischer Gott des Waldes, und *arbor*, Lateinisch für Baum. Macht Sinn, denn zur Jugendherberge gehört ein elf Fußballfelder großer Naturerlebnispark mit ganz vielen Bäumen. Und einem gut 1600 Meter langen Baumwipfelpfad, der durch die Kronen des einstigen Niederwaldes führt. Was das ist? Eine der sechs interaktiven Stationen des Baumwipfelpfades verrät es.

Umweltbildung und Nachhaltigkeit spielen in Panarbora eine wichtige Rolle. Da verwundert es nicht, dass der Pfad in lichter Höhe mit nur geringen Eingriffen in die Natur entstanden ist. Benachbart schraubt sich der 40 Meter

hohe Aussichtsturm in die Höhe, das Wahrzeichen Panarboras. Er gewährt Zugang zum Baumwipfelpfad, ist barrierefrei wie die ganze Anlage und hat das Potenzial zur Ikone. Ein breiter Holzweg umschlängelt das Stahlgerüst bis ganz nach oben. Alles wirkt sicher, solide, und dennoch: Der Turm schwankt! Nur ein bisschen. Von oben bieten sich bei klarer Sicht traumhafte Ausblicke. Selbst der Kölner Dom in 40 Kilometern Entfernung ist zu erspähen. Bei schlechter Sicht aber muss man sich mit dem Blick auf Waldbröl, Nümbrecht und die umliegenden Baumkronen zufriedengeben. Auch schön. Runter geht's und auf den Baumwipfelpfad. Endlich. Auch hier braucht niemand Höhenangst zu haben, breite Stege führen durch den Wald. Immer wieder be-

Mit allen Sinnen genießen – Übernachten im Baumhaus. Wo einst Kasernen standen, ist es heute wunderbar friedlich ... meist.

schleicht einen das Gefühl: Es schaukelt ein wenig. Doch das hält niemanden davon ab, über den Rand zu schauen, zu rennen – macht Laune! – oder die Lerninseln mit Puzzeln, Klängen und Animationen zu bespielen. Wenn langsam die Sonne in den Wald sinkt, wird das Licht ganz unwirklich. Blaue Stunde.

Schnell runter vom Baumwipfelpfad und rauf auf das Baumhaus, das bezogen werden will. Tunnelhöhlen, Sinnesrundweg, Kräutergarten, Hängematten und Heckenlabyrinth müssen bis morgen warten – keine Zeit. Wer schon immer von einem Baumhaus geträumt hat: Hier wird der Traum wahr. Bis zu sieben Meter hoch liegen die sympathischen Stelzenhäuser, und auch hier kann man sich des Gefühls nicht erwehren, es wackele ein wenig. Doch das gehört dazu! Aus der Luke seiner Koje blickt man in die Natur.

Und prompt stellt sich der Romantikfaktor ein ... Vogelgezwitscher weckt den Gast am Morgen, kein schlechter Wecker. Nach ausgiebigem Spa-

Hin & Weg: vom Hauptbahnhof Köln mit dem RE nach Schladern und dann mit dem Bus 342 in Richtung Waldbröl bis zur Jugendherberge, ca. 1 Std. 15 Min.

Beste Zeit: Ganzjährig, die Pilzsaison hat ihren besonderen Reiz (nur Kenner sollten sammeln!) – die Baumkronen färben sich dann so hübsch bunt.

Dauer: 2–3 Tage.

Ausrüstung: Warme Jacke fürs Lagerfeuer; im Herbst Pilzmesser und Korb.

Wenn es Nacht wird: Die Baumhäuser müssen sehr frühzeitig gebucht werden, ausweichen kann man u. a. auf drei »Dörfer«: mongolische Yurten, afrikanische Lehmhütten und südamerikanische Stelzenhäuser. Panarbora bietet vielfältige Erlebnisangebote an. Infos gibt's unter www.panarbora.de

ziergang übers Gelände geht es wieder in den Wald. Direkt an der Jugendherberge beginnt der Waldmythenweg. Die knapp 13 Kilometer lange Route macht mit geheimnisvollen Wesen bekannt: Druiden, Kobolden, Feen und Elfen. Was hier allerdings Einhörner und Robin Hood zu suchen haben, bleibt ungeklärt. Dafür warten links und rechts des Weges ganz andere Waldbewohner: Pilze. Maronenröhrlinge, Pfifferlinge, Hallimasche ... so viele, dass sie einem fast die Hosenbeine raufkriechen. Ab in die Pilze!

> **FAZIT: PANARBORA VERSÖHNT MIT ALLEM, WAS MAN FRÜHER AN JUGENDHERBERGEN NICHT SO GELIEBT HAT. DAS KONZEPT IST GENIAL, DER PFAD AUSSICHTSREICH, DIE UMGEBUNG EIN ABENTEUERSPIELPLATZ!**

GANS ODER GAR NICHT!

 ... auf Gänsesafari am Niederrhein

Der Winter in Deutschland ist kalt und ungemütlich? Dann hat man wohl noch nicht die Arktis erlebt! Dort leben die Wildgänse und deswegen kommen sie zum Überwintern nach Deutschland, an den Niederrhein. Auf zu einer Gänsesafari! Klingt vielleicht komisch, doch es lockt ein besonderes Naturphänomen.

#fliegmitdenGänsendavon #AuenlandohneHobbits #Gänsehaut

Ein Raunen geht durch den Bus, wenn plötzlich fünftausend Wildgänse den Himmel verdunkeln. Kameras klicken, Begeisterung pur! Doch fangen wir von vorne an: Am Samstag steht ein Besuch bei den Bislicher Inseln bei Xanten an.

Die Bislicher Inseln sind ein Naturschutzgebiet, durch das es sich herrlich spazieren lässt. In der Auenlandschaft kreucht und fleucht es. Bisons, Reiher und Storche leben hier. Mitten auf den Bislicher Inseln heißt es dann: warten auf die Wildgänse. Hier auf dem Wasser schlafen sie nämlich. Nun ganz genau den roten Himmel beobachten. Der färbt sich schon langsam lila und – da! Plötzlich tauchen Gänse am Horizont auf und zeigen sich in ihren verschiedenen, kunstvollen Formationen.

Hier trifft die Nilgans auf die Graugans und die Blessgans grüßt die Kanadagans. Die Nilgans ist übrigens ein Zooflüchtling, sie kam ursprünglich wirklich einmal vom Nil und wurde in Holland von einem gnädigen Zoowärter in die Freiheit entlassen. Die Nilgänse fühlen sich wohl und bleiben das ganze Jahr über hier. An dem Verhalten der anderen Gänse sieht man, dass sich die Erde in den letzten Jahrzehnten erwärmt hat. Früher waren in dieser Region mehr Saatgänse unterwegs, die überwintern heute aber eine ganze Tagesetappe weiter weg. An einem Tag schafft so eine Gans übrigens 1000 Kilometer – und stopft locker mehr als ein Kilo Gras in sich hinein.

Solche Infos bekommt man dann am Sonntag bei einer richtigen Gänsesafari mit dem NABU, dem Naturschutzbund. »Denn man schützt nur, was man kennt«, sagen die ehrenamtlichen Tourguides und berichten im fahrenden Bus über die Gänse und ihren Lebensraum. Die Tour startet vom Hotel Rilano in Kleve, hier kann im Restaurant vor oder nach der Tour auch lecker gegessen werden.

Während der Gänsesafari lernen die Teilnehmer viel über Naturschutz und den Niederrhein. Es gibt sogar ein wenig Geschichtsunterricht. Der Bus hält zum Beispiel bei einer Kirche, die als einzige überlebte, als der Rhein 1809 im Winter Hochwasser hatte und Eisschollen ganze Städte zerstörten. Hochwasser ist ein Problem am Niederrhein. Es gibt hier zu wenig Bäume, die dem Eis standhalten würden. Unter anderem deswegen ist Naturschutz hier so wichtig.

Am Ende des Tages hat man das verstanden und weiß die ehrenamtliche Arbeit zu schätzen. Manche Guides lesen ihren Gästen sogar noch eine Geschichte von Nils Holgerson vor.

Magische Momente, jedes Jahr aufs Neue. Der Flug Wildgänse verdeutlicht vor allem den ewigen Kreislauf der Natur.

Weit oben am Himmel fliegen die Gänse. Nils konnte mit ihnen fliegen und sie sogar verstehen. Was würden sie wohl über die Arktis und die Welt aus der Vogelperspektive erzählen?

Tipp: Am Xantener Bahnhof kann man sich ein Fahrrad mieten, so ist man in nur 15 Minuten an den Bislicher Inseln.

Hin & Weg: Für diese Tour empfiehlt sich ein Auto! Ansonsten mit dem Zug nach Xanten, von da mit Bus SL40 zu den Bislicher Inseln (umsteigen beim Beekscher Weg). Zurück vom Bahnhof Kleve.

Beste Zeit: November–Ende Februar, dann sind die Gänse wieder weg.

Dauer: Ein Wochenende lang Gänsehaut.

Ausrüstung: Warme Kleidung, für den richtigen Safari-Look darf das Fernglas nicht fehlen.

Wenn es Nacht wird: Wie die Gänse auf dem Wasser schlafen! Wie das geht? Ab aufs Hausboot (xanten-ferienhaus.de oder rueckenwind-ferien.de)!

FAZIT: AUENLANDSCHAFT UND ARTEN-VIELFALT LOCKEN! AM BESTEN LÄSST SICH ALL DAS GEMEINSAM MIT DEM NABU BESTAUNEN.

WINTER WONDER- LAND

≥ ... am Michelsberg in der Eifel ≤

#51

Köln und Schnee – das scheint sich auszuschließen. Meist schneit es ein-, zweimal im Jahr, doch schnell wird aus dem Schnee Matsch. Wie gut, dass die schneereiche Eifel um die Ecke liegt. Und weil man gar nicht mehr abreisen mag, wird aus dem Schneetrip schnell ein Wochenendausflug.

#EifelRodelspaß #SchneeflöckchenWeißröckchen #Schneeballschlacht

Haben Suchtfaktor: Schnee, Schlittenfahren,
Schneeballschlacht ...

→ MINIURLAUB...

Das Rheinland ist Deutschlands wärmste Region, im Winter hat es durchschnittlich warme vier Grad. Da sieht es schlecht aus mit Schnee. Daher richtet sich ab Dezember der Blick nach Westen zur Eifel. Und bei Neuschnee setzt sich halb Köln in Bewegung.

Eines der Ziele winterlicher Begierde ist dann der Michelsberg, mit 586 Metern die höchste Erhebung Bad Münstereifels. Und wenn man Glück hat, ein puderzuckriger Traum mit gut 20 Zentimetern Neuschnee. Schwupps liegt der Erste auf dem Rücken und malt einen Schneeengel ins Winterweiß, andere folgen. Ein witziges Bild, wenn auch die Erwachsenen mit Armen und Beinen im Puderschnee rudern. Es ist einfach zu verlockend, sich in die weiße Pracht zu schmeißen ... Egal, ob klein oder groß oder Hund.

Doch der Berg ruft, also Schlitten geschultert und rauf. Ganze 586,1 Meter. Und mit großem Gejuchze wieder runter. Alles ist hier im Einsatz, alte Holzschlitten, neue, etwas schnittigere Holzgebilde, Rennrodel mit Lenkrad, quietschbunte Lenkschlitten, ein

paar Skibobs, coole Twintubs – oder sogar ein Schwimmreifen. Auf den ersten Metern sieht das noch ganz überzeugend aus, dann kippt das Ding meistens um. Doch das tun andere Gefährte auch. Die Rodelcracks stehen allerdings sofort wieder auf den Beinen – liegen bleiben ist nicht drin ...

Am Fuß des Berges angekommen, heißt es wieder hochsteigen. Denn auf jedes Runter folgt ein Rauf. 586,1 Meter. Ganz gemächlich, ohne üble Steigung.

Beim vierten, fünften Mal sollte endlich mal Zeit sein für einen Blick über den Schlittenrand: Eine wunderbare Aussicht über Bad Münstereifels Stadtteil Mahlberg tut sich auf. Mitunter wird das Sinnen und Schauen jäh von etwas Weißem unterbrochen: »Attacke!« Schwupps, und die Schneebälle flie-gen, fett und fest. Verteidigung ist angesagt und der eigene Schneeball schnell fertig. Wupp. Wupp. Hin und her fliegen dann die kleinen Geschosse, fröhliches Geschrei weht durch die Luft.

Hin & Weg: Mit der Bahn über Euskirchen bis Bad Münstereifel, dann weiter mit Bus 819 bis Haltestelle Bad Münstereifel Mahlberg/Auf dem Bruch, dann ca. 10 Min. zu Fuß, ca. 700 m; oder mit dem Auto, dann ist die Jugendherberge problemlos zu erreichen.

Beste Zeit: Sobald Schnee liegt, doch auch sonst super zum Wandern und Erholen.

Dauer: 2 Tage, wenn's geht sogar 3.

Ausrüstung: Schlitten oder Rodel, heißer Tee und Butterbrote, warme Wechselsachen.

Wenn es Nacht wird: Die Jugendherberge im Mittelalterstädtchen Bad Münstereifel hat Familienzimmer (www.bad-muenstereifel.jugendherberge.de).

Schneezauber: Wenn die Eifel ihr wunderbar weißes Kleid anlegt, fühlen sich hier auch die Städter pudelwohl.

Wer Lust hat, sollte den Schlitten auch einfach mal stehen lassen und durch den Wald spazieren, für einen Abstecher zur Wallfahrtskapelle Sankt Michael, die dem Berg den Namen gab. Sie stammt aus dem 16. Jahrhundert und besitzt ein hübsches Heiligenhäuschen mit Grablegungsgruppe. Obwohl nur leicht bekleidet, scheint den Heiligen der Schnee nichts auszumachen. Wer das Glück hat, als erster hier oben zu sein, setzt seine Fußabdrücke in den noch jungfräulichen Schnee – das hat man ja mal selten.

Zurück bei den Rodlern. Bei patschnassen Füßen und klammen Klamotten oder gar blaugefrorenen Zehen helfen fürs Erste Kekse und Thermoskannen mit Tee. Bewegung natürlich auch: Erst eine Kugel rollen, den Kopf des Schneemanns, dann eine zweite, dickere für die Mitte. Die letzte, größte, ist am schwierigsten, immer wieder bricht irgendwo etwas ab. Doch schließlich steht der Schneemann. Nur die Mohrrübe für die Nase fehlt … Morgen wird alles besser!

FAZIT: WER BRAUCHT SCHON SÜD-DEUTSCHLAND, WENN ER DIE EIFEL VOR DER TÜR HAT? ZUMAL DIE ALS FAST SCHNEESICHER GILT …

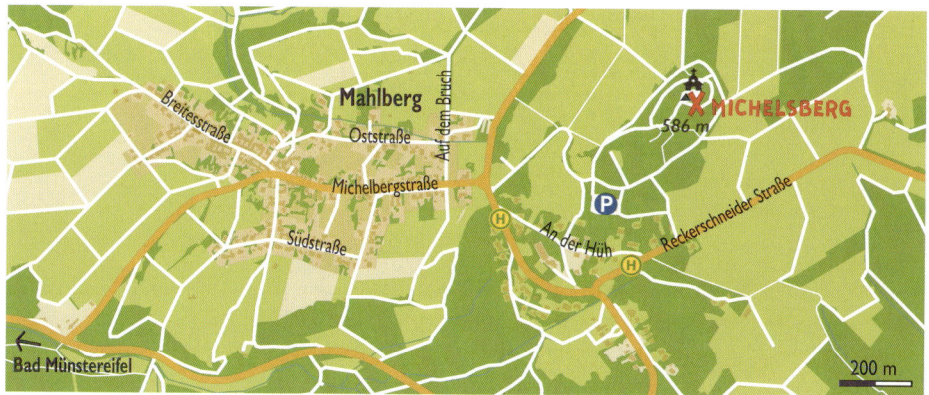

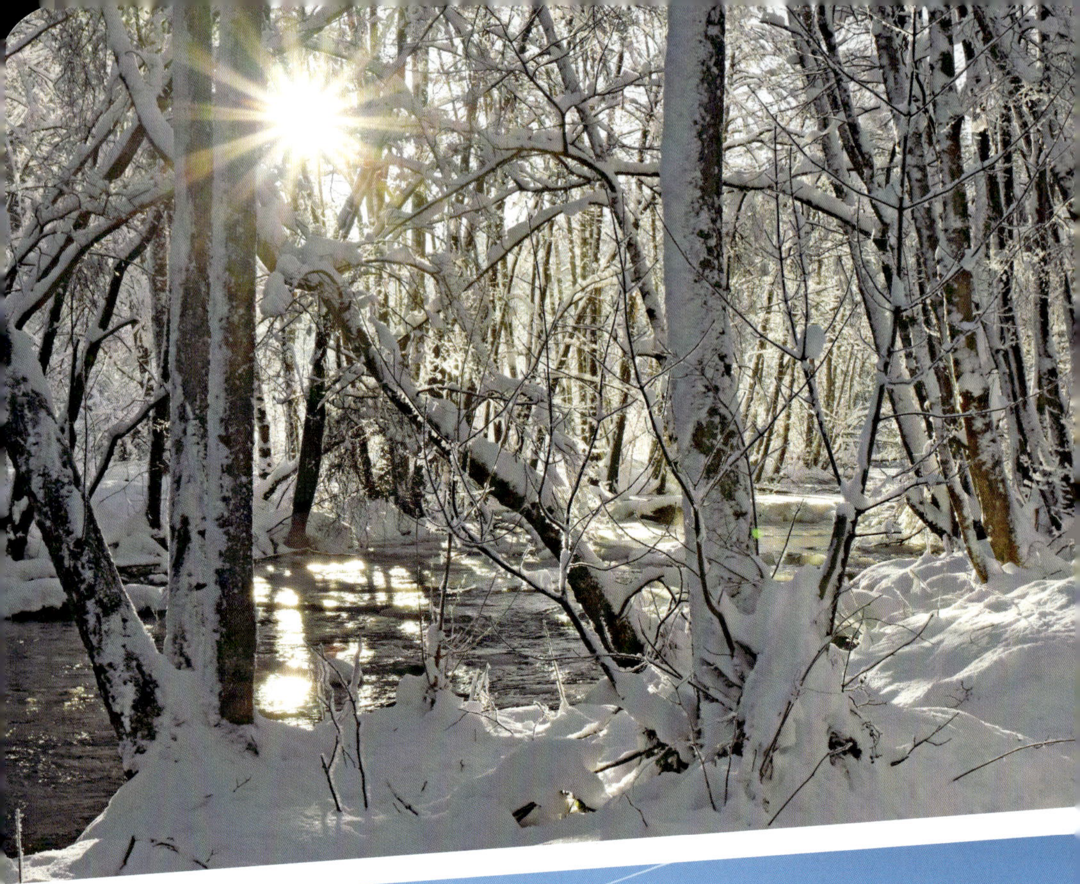

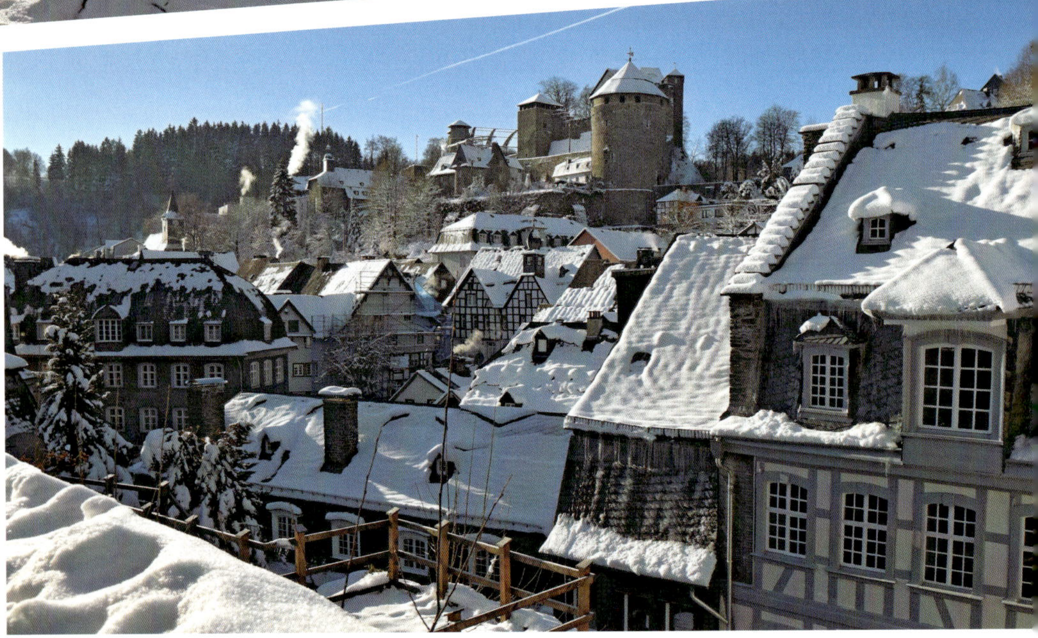

ZEITREISE

... nach Monschau

#52

Wie lange dauert eine Reise von Köln bis ins Mittelalter? Genau 2 Stunden und 43 Minuten! So lange brauchen Bus und Bahn bis in das Städtchen Monschau. Eben noch in geschäftigen Straßen neben modernen Gebäuden gelaufen und schon durchwandert man enge Gassen, vorbei an Fachwerkhäusern, umgeben von Bergen ...

»Die Perle der Eifel!« Dieser Ruf eilt der Stadt Monschau voraus. Zu Recht! Hier erlebt der Großstädter wirklich erst mal einen Kulturschock: uralte Häuser und Straßen, umgeben von schönster Natur und durchzogen von Flüsschen, das ist Monschau. Man fühlt sich richtig weit weg. Unglaublich, dass sich diese fremde Welt gerade einmal zwei Stunden von Köln entfernt befindet. Die Stadt ist kein Geheimtipp und deswegen lohnt es sich besonders, hier über Nacht zu bleiben. Die Idylle und den Mond genießen, wenn die letzten Busse abgefahren sind. Geschlafen wird, wie es sich bei einem solchen Ambiente gehört, natürlich in einer echten Burg.

Am ersten Tag möchte man einfach nur umherziehen und die wunderschöne Altstadt erkunden. In den engen Gassen fühlt man sich fast wie Harry Potter in der Winkelgasse. Es würde einen kaum wundern, wenn gleich irgendwo der »Tropfende Kessel« auftaucht. Den gibt es

---

Hin & Weg: Mit dem RE nach Aachen-Rothe-Erde und von da mit dem Bus 66 und BusNetli weiter nach Monschau.

Beste Zeit: Monschau ist das ganze Jahr über einen Besuch wert! Infos gibt's unter www.monschau.de

Ausrüstung: Bequeme Wanderschuhe und eine Kamera, sonst glaubt man's später selber nicht mehr.

Dauer: Ein Wochenende oder eine ganze Woche? Achtung: Hier laufen die Uhren langsamer!

Wenn es Nacht wird: Nächtigen wie ein holdes Jungfräulein oder ein stattlicher Ritter in einer Burg, das geht in der Jugendherberge Monschau-Burg (www.burg-monschau.jugendherberge.de).

hier nicht, dafür aber den Imbiss Hexenhäus-chen. In diesem kann man angeblich die beste Currywurst Deutschlands essen. Wer etwas mehr Hunger hat, dem sei ein Besuch des Gasthauses Alte Herrlichkeit ans Herz gelegt. Hier gibt es ein urig-rustikales Ambiente und eine herzliche Bedienung noch dazu!

Wer die Altstadt von einer etwas ungewöhn-licheren Seite bestaunen will, sollte sich auf etwas Sport gefasst machen. Hoch und runter. Herz-Kreislaufsystem und diverse Muskeln freuen sich, denn Treppensteigen ist angesagt. Dazu folgt man dem Wander-weg Nr. 25, auch »Monschau für Bergziegen« genannt. Auf der Wanderung wird der Rah-menberg erklommen, hier findet man neben einem wunderschönen Ausblick auch Spuren der Geschichte der Stadt. Diese war damals nicht nur für ihre Schönheit bekannt, sondern vor allem ein internationales Zentrum der Feintuchherstellung.

Am nächsten Tag dann vielleicht mal ganz raus aus der Stadt und sich einen der vielen Wanderwege aussuchen. Im Norden befindet sich das Laufenbachtal. Hier folgt man dem Laufenbach, und am Bach kann man wirklich wunderbar laufen! Er führt durch tiefgrüne Wälder und da er Teil des Naturparks Hohes Venn-Eifel ist, ist die Natur hier vor Bebauung geschützt.

So kann man seltene Tierarten, wie Uhu oder Wildkatze entdecken. Hat es geschneit, lässt sich auch wunderbar Skilaufen oder eine Schneeschuhwanderung unternehmen.

FAZIT: ROMANTISCHE MOMENTE IN MON-SCHAU – EINE ZEITREISE INS MITTELAL-TER. WENIGER ALS DREI STUNDEN VON KÖLN ENTFERNT.

SONST NOCH WICHTIG

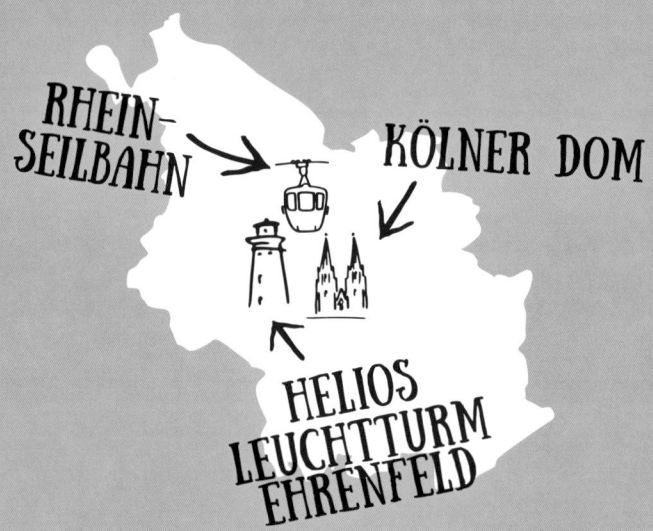

RHEIN-
SEILBAHN

KÖLNER DOM

HELIOS
LEUCHTTURM
EHRENFELD

Ein- und Überblick

Karten für den schnellen Überblick, praktische Tipps sowie mehr über die Autorinnen und ihre liebsten Empfehlungen gibt es auf den folgenden Seiten.

Übersichtskarten	Seite 224
Gut zu wissen	Seite 229
Impressum	Seite 230
Über die Autorinnen	Seite 231
5 besondere Empfehlungen	Seite 232

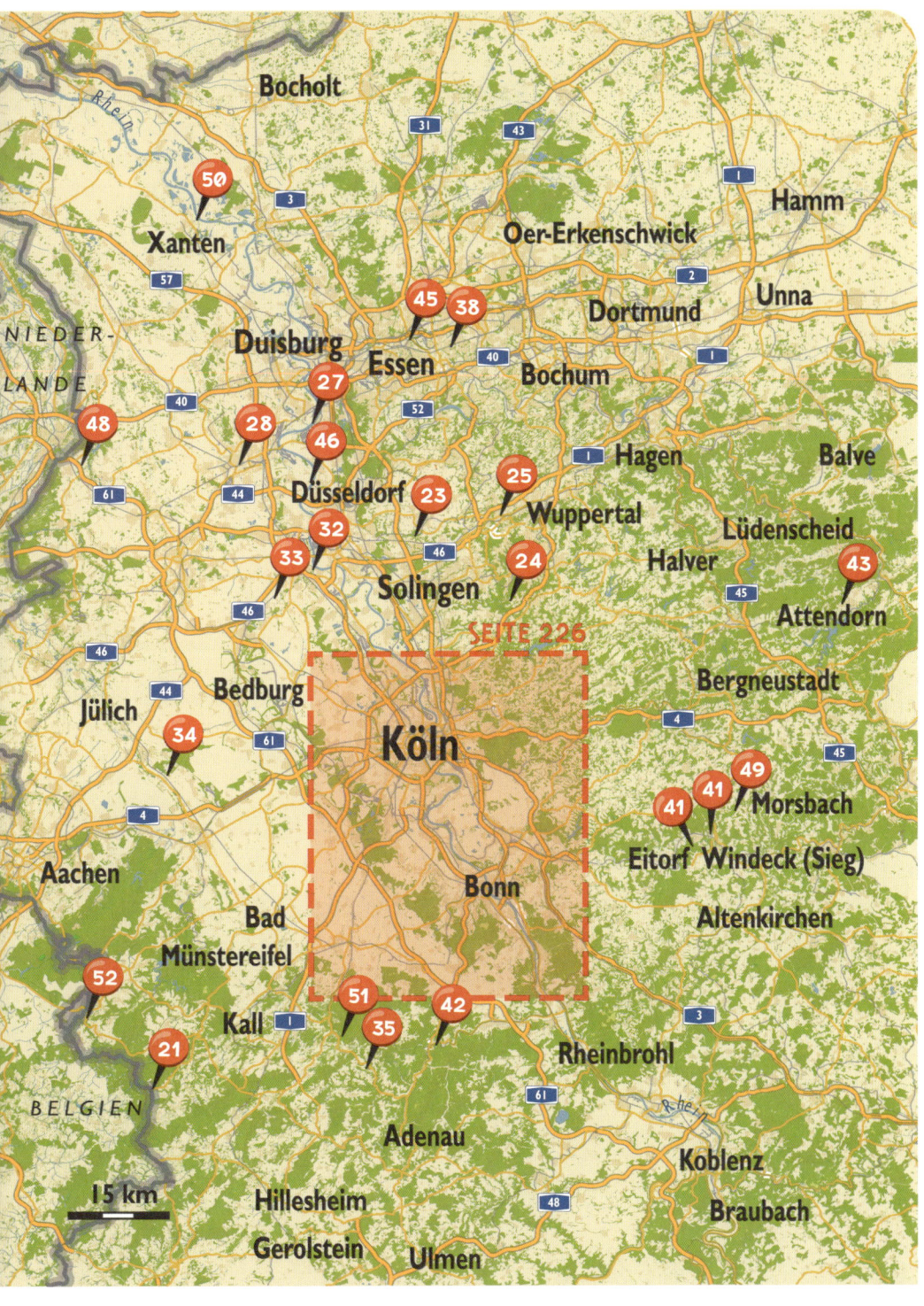

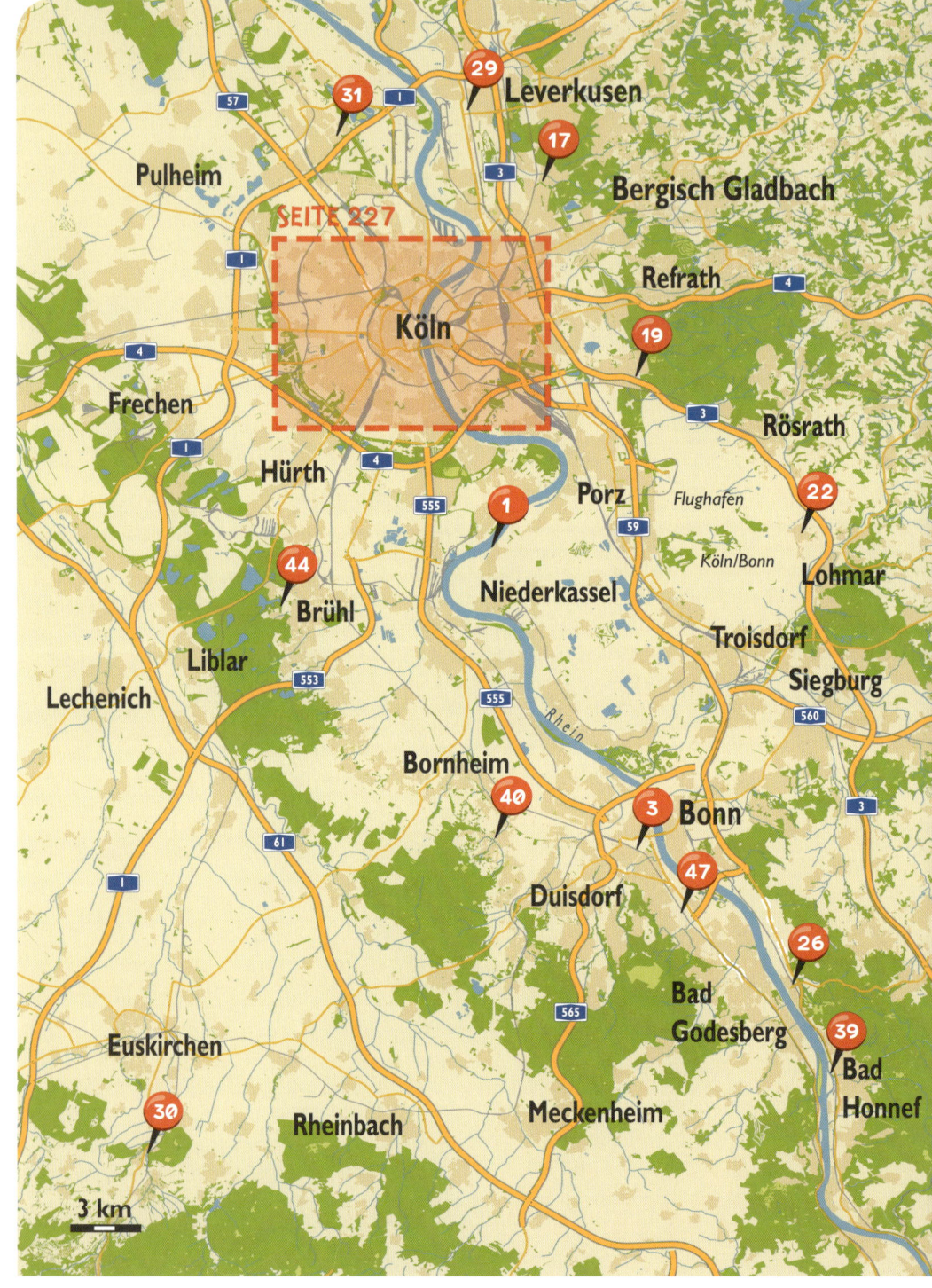

Pulheim

31 **29** **Leverkusen**

17

Bergisch Gladbach

57

1

Refrath

4

SEITE 227

Köln

19

Rösrath

4

Frechen

3

1

4

Hürth

4

555

Porz

Flughafen

22

Lohmar

59

Köln/Bonn

1

Niederkassel

44

Brühl

Troisdorf

Liblar

553

Siegburg

Lechenich

555

560

Rhein

Bornheim

40

3

Bonn

3

61

Duisdorf

47

1

26

Bad

565

Godesberg

39

Euskirchen

Bad

Honnef

30

Rheinbach

Meckenheim

3 km

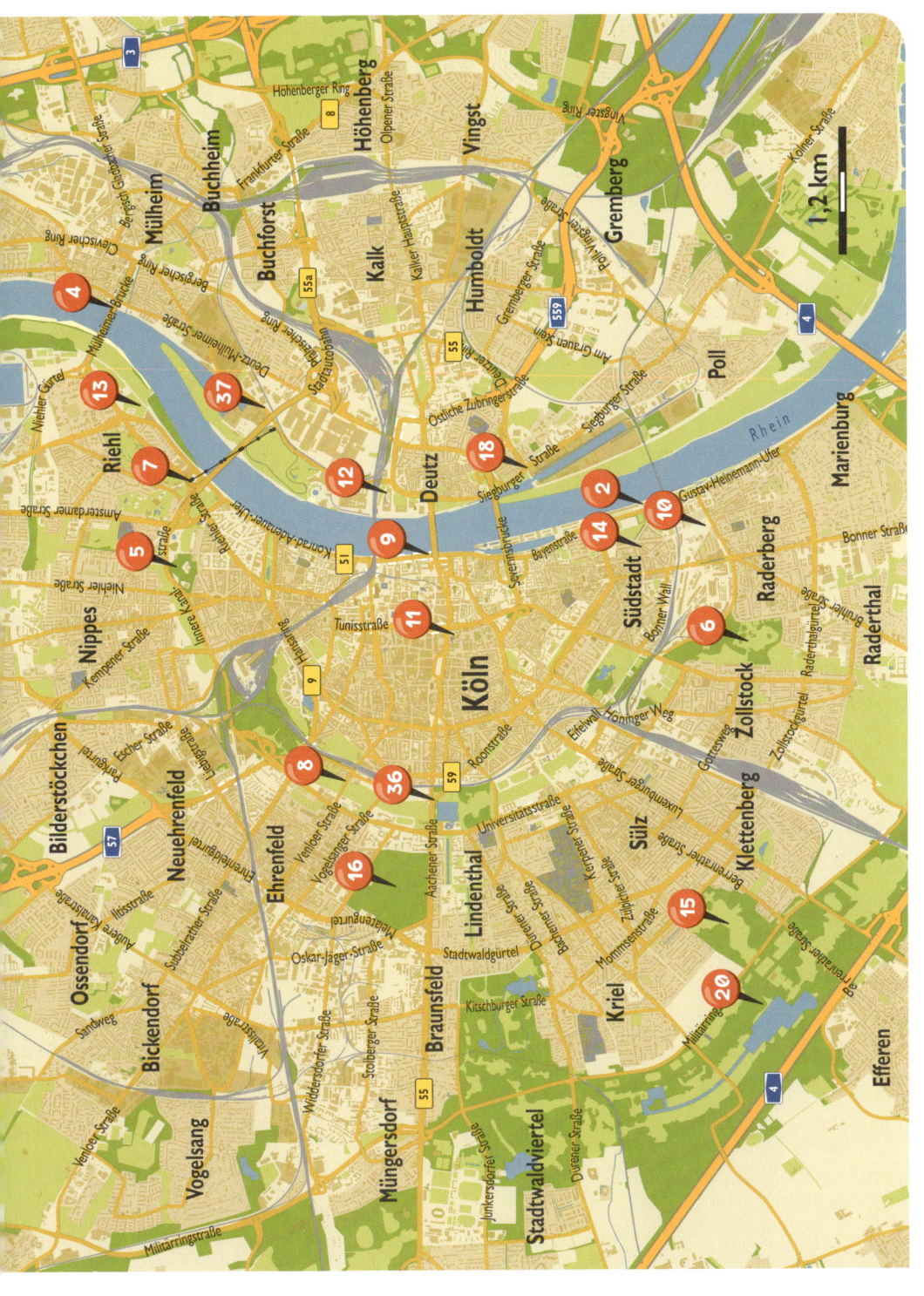

Weiterlesen

Fast jeden Samstag bringt der Kölner Stadt-Anzeiger in seinem Magazin neue Ideen für Ausflüge rund um Köln. Die Specials findet man meist auch online (www.ksta.de/freizeit/aus-flug). Wer ein wenig tiefer in die Stadt und in soziale und alternative Themen eintauchen möchte, ist bei der StadtRevue richtig (auch online: www.stadtrevue.de).

Geschmacks-sachen

Wie im Kölner »Tatort« mal ne Currywurst mit Blick auf den Rhein genießen? Die Original-Bude an der Südbrücke (#9) macht's möglich. Biergärten sind für Köln typisch, und der Besuch in der Steirischen Botschaft lohnt ebenso wie der im Birkebäumche (#36). Und echte Kölsche Klassiker gibt es dann zwischen all der Street-Art (#11) in Ehrenfeld im Haus Scholzen (www.haus-scholzen.de).

Ohne Auto

Die meisten Eskapaden sind mit den »Öffis« zu erreichen, Bus, Stadtbahn und Zug. In und um Köln fährt man KVB (www.kvb.koeln), Bus- und Bahnverbindungen für die weitere Umgebung finden sich auf www.vrsinfo.de und www.bahn.de. Sollten einzelne Eskapaden mit dem ÖPNV nur schwer zu erreichen sein, ist dies vermerkt. Wer in der Stadt auf ein Leihrad umsteigen möchte – in Köln kein Problem! Infos unter: www.callabike-interaktiv.de/de/staedte/koln oder www.kvb-rad.de/de/koeln

GUT ZU WISSEN ...

Sicherheit & Notfälle

Die zentrale europäische Notrufnummer ist die 112, sie ist gebührenfrei aus allen Netzen, auch mobil, zu erreichen. Feuerwehr und Rettungsdienste (auch auf dem Rhein) werden alarmiert.

Vor Ort im Netz

Gute Outdoor-Tipps rund um Köln gibt es beispielsweise unter www.rastloswanderblog.de und www.wearecity.de/outdoor-guides. Unter anderem auf die Eifel haben sich die Jungs von www.trekkinglife.de spezialisiert.

IMPRESSUM

Konzeption Monique Sorban

Projektmanagement Svenja Heinle, Stefanie Lipke, Monique Sorban, Andrea Wurth

Text Lucia Lehmann und Susanne Völler, Köln

Fotos Stephan Anemüller, Köln (S. 34 r.); Attendorner Tropfsteinhöhle, Attendorn (S. 184); Miriam-Salwa B'chir, Köln (S. 74); Thomas Berns, Duisburg (S. 117); Heidi Bitzer, Köln (S. 175, 176, 178 u.); Lara Sirin Celikel, Köln (S. 20 r., 82, 170); Carlota Citoler, Köln (S. 93, 95 l., 101, 102 l., 123 l., 198, 200, 208 r., 231 l.); Lucia Citoler, Köln (S. 160); Pedro Citoler, Köln (S. 154 r.); Andy Dittrich, Köln (S. 86, 88, 89); Thekla Ehling, Köln (S. 144, 146, 147 o.); Fischer/Panarbora, Waldbröl (S. 207); fuenf.6, Köln (S. 132 u., 135 o., 135 u.l. (Beller), 135 u.r. (Kirchner); Michael Geller, Kaldenkirchen (S. 202, 205 u.r.); Martin Glöckner, Kevelaer (S. 210, 213 l.); Christa Kaffill, Kaldenkirchen (S. 205 l., 205 o.r.); Marijan Kojic, Köln (S. 214, 215, 216 r., 217); Kai Lamparter, Köln (S. 5 u., 124 l., 126, 127 l., 178, 180, 181, 218, 220, 231 r.); Lucia Lehman, Köln (S. 18 o., 18 u., 20 l., 21, 28, 29 r., 34 l., 36, 37 o., 37 u.r., 38, 40, 41, 43, 44, 54, 56, 57, 66, 68, 69, 70, 72, 73, 75, 76, 77, 78, 80, 81, 84, 85, 96, 98, 99, 108, 110, 111 o., 112, 115 o., 124 r., 127 r., 128, 136, 137, 138, 139, 147 u., 156, 158, 159, 169, 171, 194, 196, 197, 204, 211, 212, 213 r., 224); mauritius images/Novarc/Stefano Paterna (Titelseite); Kefa Oiro, Nairobi (S. 26, 29 r., 114, 115 u., 129, 130, 131, 185); Red Paddle (S. 132 o., 134 r.); Tourismusverband Biggesee-Listersee, Attendorn (S. 182); Jochen Track/Zeche Zollverein, Essen (S. 162, 163 l.); Susanne Troll, Köln (S. 5 o., 6/7, 60); Paula Völler, Köln (S. 165, 166); Susanne Völler (S. 4, 10, 11, 12, 13, 14, 16, 22, 23, 24, 25, 30, 31, 32, 33, 37 l.u., 42, 45, 47, 48, 49, 50, 51, 52, 53, 58, 61, 62, 64, 65, 92, 94, 95 r., 100, 102 r., 103, 104, 106, 116, 118 r., 119, 120, 121, 122, 123 r., 134 l., 140, 141, 142, 143, 148, 149, 150, 151, 152, 153, 154 l., 155, 161, 163 r., 164, 167, 174, 186, 187, 188, 189, 190, 191, 192, 193, 199, 201, 206, 208 l., 209, 216 l., 228), Anne Winterling, Köln (S. 118 l.); www.siegtal-finca.de, Windeck-Schladern (S. 177 o.); Lara Zander, Köln (S. 111 u.)

Cover-/Buchgestaltung und Illustrationen Carolin Weidemann, Köln, www.weidemann-design.com

Lektorat & Produktion Verlagsbüro Wais & Partner, Stuttgart (Melanie Kattanek, Beate König, Julia Rietsch, Kai Wieland), www.wais-und-partner.de

Kartografie © MAIRDUMONT, Ostfildern, unter Verwendung von Kartendaten von OpenStreetMap, Lizenz CC-BY-SA 2.0

Herstellung Ramona Lamparth

Printed in Poland

1. Auflage 2018
© DuMont Reiseverlag, Ostfildern
ISBN 978-3-7701-8073-8

www.dumontreise.de

love
Freiheit.

SUSANNE VÖLLER

LUCIA LEHMANN

⋛ ... über die Autorinnen ⋚

Gerade als »Imi« (nicht in Köln geboren) und dann noch mit ner Portion Heimweh nach dem »wilden« Münsterland, fielen Susanne die kleinen Fluchten, die Naturparadiese, die stillen Ecken der Millionenstadt nicht in den Schoß. Sie hat sie sich erobert: die Seen, die Gärten und Wiesen, ihre Radstrecken und Badeplätze im Rhein, kurz: die Natur in der Stadt. Gerade nach einem Tag am Schreibtisch muss sie raus ins Grüne ... oder ans Blaue, den Rhein.

Als Reisejournalistin und -autorin schreibt Susanne sonst vor allem über Ziele, die weiter weg liegen – doch die Stadt mit »Hätz un Siel«, in der sie seit über 20 Jahren lebt, ist längst auch ihre Heimat geworden.

Köln ist ein Dorf! Mit unendlichen Möglichkeiten. Genau das liebt Lucia an ihrer Wahlheimat. Damals, während der Schulzeit, war sie eines der »Buskinder«. Nun in Köln hat sie endlich Fahrradfahren gelernt! Und dem frönt sie leidenschaftlich gerne. Na gut, nicht im Rennrad-Style, vielmehr radelt sie gemütlich zu ihrem Ethnologiestudium, in die Redaktion oder zu Proben für ihre Kunst- und Musikprojekte. Und zeigt sich Köln dann doch mal von seiner städtischen Seite, rettet sich Lucia auf ihren Balkon oder an den Rhein und seine wilden Ufer.

Noch mehr von Lucia und Susanne und ihren Eskapaden in und um Köln, um die Ecke und *far far away* gibt es auf: www.nimmmichmit.eu

It's beach time

Eskapade #9: Feine Buchten mit Sandstrand in Köln? Niemals. Doch! Die Rodenkirchener Riviera im Süden der Stadt macht's möglich. Schnell aufs Rad und am Rhein entlang zum Strand. Planschen erlaubt!

Pulverschnee forever

Eskapade #51: Gut, dass die Eifel um die Ecke liegt. Es schneit endlich? Dann nichts wie los und zum 586 Meter hohen Michelsberg, den der Neuschnee noch um einiges wachsen lässt.

5 BESONDERE EMPFEHLUNGEN ...

Von der Hand in den Mund

Eskapade #1: Wilde Kräuter, Blumen und Früchte am Wegesrand machen es möglich: »wildes Essen« vor der Haustür, und zwar direkt in der Stadt. In Porz am Rhein sammeln, zu Hause in Topf, Pfanne und Salatschüssel verarbeiten! Und eine Portion Glück gibt's gratis dazu.

Eintrag ins Gipfelbuch

Eskapade #19: Berge bezwingen ohne Ausrüstung oder Traning! Das geht nur in Köln, denn der höchste Punkt der Stadt ist der Monte Troodelöh. Mitten im tiefgrünen Königsforst gelegen kann man hier fast alles machen – außer klettern oder weite Ausblicke genießen.

Gänsehaut pur

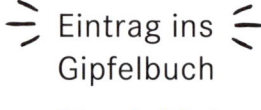

Eskapade #50: Ein spannendes Wochenende im Zeichen der Wildgans! Durch Auenlandschaft wandeln, auf einem Hausboot schlafen und dabei viel über Natur und Naturschutz lernen. Der Niederrhein ruft – und schnattert.